U0739018

本书由浙江特殊教育职业学院资助出版

The Spiritual Pursuit in the Story

The Great Spirit in the New Era

故事中的精神追寻

新时代伟大精神篇

林海燕◎著

ZHEJIANG UNIVERSITY PRESS
浙江大学出版社
·杭州·

图书在版编目（CIP）数据

故事中的精神追寻：新时代伟大精神篇 / 林海燕著
. -- 杭州：浙江大学出版社，2023.5
ISBN 978-7-308-23684-3

Ⅰ.①故… Ⅱ.①林… Ⅲ.①大学生—思想政治教育
—中国—文集 Ⅳ.①G641-53

中国国家版本馆CIP数据核字（2023）第067619号

故事中的精神追寻：新时代伟大精神篇
林海燕　著

责任编辑	许艺涛
责任校对	陈佩钰
封面设计	雷建军
出版发行	浙江大学出版社
	（杭州天目山路148号　邮政编码：310007）
	（网址：http://www.zjupress.com）
排　　版	浙江时代出版服务有限公司
印　　刷	杭州高腾印务有限公司
开　　本	880mm×1230mm　1/32
印　　张	6.5
字　　数	132千
版 印 次	2023年5月第1版　2023年5月第1次印刷
书　　号	ISBN 978-7-308-23684-3
定　　价	68.00元

版权所有　翻印必究　印装差错　负责调换

浙江大学出版社市场运营中心联系方式：（0571）88925591；http://zjdxcbs.tmall.com

　　伟大的中国共产党走过了辉煌的百年奋斗历程。百年征程波澜壮阔,百年大党百炼成钢,百年恰是风华正茂时。回看中国共产党的历史,它从哪里来? 它到哪里去?

　　树高千尺有根,江河万里有源。读懂中国共产党,必须读懂中国共产党人的伟大精神。习近平总书记强调:"中国共产党一经诞生,就把为中国人民谋幸福、为中华民族谋复兴确立为自己的初心使命。"[①] 在一百年的接续奋斗中,中国共产党弘扬伟大建党精神,带领全国各族人民攻坚克难、奋勇向前,创造了许许多多惊天地、泣鬼神的人间奇迹,从根本上改变了中国人民的命运前途,使中华民族虽历经沧桑但巍然屹立不倒。"一百年来,中国共产党弘扬伟大建党精神,在长期奋斗中构建起中国共产党人的精神谱系,锤炼出鲜明的政治品格。"[②] 2021 年 9 月,党中央批准了

---

① 习近平.在庆祝中国共产党成立 100 周年大会上的讲话 [N].人民日报,2021-07-02.
② 习近平.在庆祝中国共产党成立 100 周年大会上的讲话 [N].人民日报,2021-07-02.

中央宣传部梳理的第一批纳入中国共产党人精神谱系的伟大精神，在中华人民共和国成立 72 周年之际予以发布。第一批纳入中国共产党人精神谱系的伟大精神是：建党精神；井冈山精神、苏区精神、长征精神、遵义会议精神、延安精神、抗战精神、红岩精神、西柏坡精神、照金精神、东北抗联精神、南泥湾精神、太行精神（吕梁精神）、大别山精神、沂蒙精神、老区精神、张思德精神；抗美援朝精神、"两弹一星"精神、雷锋精神、焦裕禄精神、大庆精神（铁人精神）、红旗渠精神、北大荒精神、塞罕坝精神、"两路"精神、老西藏精神（孔繁森精神）、西迁精神、王杰精神；改革开放精神、特区精神、抗洪精神、抗击"非典"精神、抗震救灾精神、载人航天精神、劳模精神（劳动精神、工匠精神）、青藏铁路精神、女排精神；脱贫攻坚精神、抗疫精神、"三牛"精神、科学家精神、企业家精神、探月精神、新时代北斗精神、丝路精神。①

这些精神，集中彰显了中华民族和中国人民长期以来形成的伟大创造精神、伟大奋斗精神、伟大团结精神、伟大梦想精神，既一脉相承又与时俱进。伟大建党精神是中国共产党人精神谱系的根本源泉，每一种精神都是伟大建党精神的具体体现，因其不同历史条件和时代背景，形成

---

① 中国共产党人精神谱系第一批伟大精神正式发布 [EB/OL].（2021-09-29）[2022-12-01].http://politics.people.com.cn/n1/2021/0929/c1001-32242662.html.

了独特的科学内涵和鲜明的时代特质，马克思主义始终是其底色，共产主义理想信念始终贯穿其中。但是，每一种精神又都不是扁平抽象的存在，每一种精神的背后都承载着感人至深的故事，有具体的人物、翔实的事件，看得见、摸得着、感受得到，彰显了中国共产党团结带领中国人民所进行的一切奋斗、一切牺牲、一切创造。

回望来路秉初心，砥砺前行正当时。站在中国特色社会主义新时代这个新的历史起点上，我们必须赓续中国共产党人的精神血脉，始终保持斗争精神、凝聚磅礴力量，奋进新征程。本书选取了中国特色社会主义新时代的八个伟大精神（脱贫攻坚精神、抗疫精神、"三牛"精神、科学家精神、企业家精神、探月精神、新时代北斗精神、丝路精神），分为"话担当""话奋斗""话科创""话合作"四篇，搜集大量材料文献，进行研读、分析、整合，选取最能体现每种精神的精神特质、富含时代内涵的故事。历史川流不息，精神代代相传。中国共产党人的精神谱系，正是因为这一个又一个落小落细落实的故事而跨越时空、历久弥新。希望新时代中国青年追寻先辈足迹，创新书写使命担当，以奋斗之我、今日之我，矢志爱国奋斗，用青春告白祖国。

读懂精神谱系，传递信仰之声，"不忘初心，方得始终"。

第二篇 话奋斗

第一篇

话担当

脱贫攻坚精神

上下同心　尽锐出战　精准务实

开拓创新　攻坚克难　不负人民

精 神内涵

　　伟大事业孕育伟大精神，伟大精神引领伟大事业。脱贫攻坚伟大斗争，锻造形成了"上下同心、尽锐出战、精准务实、开拓创新、攻坚克难、不负人民"的脱贫攻坚精神。脱贫攻坚精神，是中国共产党性质宗旨、中国人民意志品质、中华民族精神的生动写照，是爱国主义、集体主义、社会主义思想的集中体现，是中国精神、中国价值、中国力量的充分彰显，赓续传承了伟大民族精神和时代精神。全党全国全社会都要大力弘扬脱贫攻坚精神，团结一心，英勇奋斗，坚决战胜前进道路上的一切困难和风险，不断夺取坚持和发展中国特色社会主义新的更大的胜利！

　　——2021 年 2 月 25 日，习近平在全国脱贫攻坚总结表彰大会上的讲话 ①

发 展历程

　　新中国成立前，我国是世界上贫困人口最多的国家。新中国成立后，党带领人民向贫困宣战，一代代中国共产党人前赴后继，短短几十年间，有 7 亿多农村贫困人口先后摆脱了贫困。

---

　　①　习近平.在全国脱贫攻坚总结表彰大会上的讲话 [N].人民日报，2021-02-26.

当历史的时针拨向 2012 年，我国贫困人口还有 9899 万，不仅规模庞大，而且分散在交通信息闭塞、经济发展落后、自然条件恶劣、高山大川阻隔的地方。中国的扶贫开发进入啃硬骨头、攻坚拔寨的冲刺阶段。

2012 年底，党的十八大召开后不久，党中央做出全面小康路上"决不能落下一个贫困地区、一个贫困群众"的庄严承诺，从此拉开了新时代脱贫攻坚的序幕。

2012 年 12 月 29—30 日，习近平总书记顶风冒雪来到河北阜平县，进村入户看真贫，向全党全国发出脱贫攻坚的动员令，强调"没有农村的小康，特别是没有贫困地区的小康，就没有全面建成小康社会"①。

2013 年 11 月 3 日，习近平总书记在湖南湘西花垣县十八洞村考察时首次提出了"精准扶贫"的概念，强调"扶贫要实事求是，因地制宜。要精准扶贫，切忌喊口号，也不要定好高骛远的目标"②。

2015 年 11 月 27—28 日，中央扶贫开发工作会议在北京召开，确立了精准扶贫、精准脱贫基本方略，动员全党全国全社会力量，齐心协力打赢脱贫攻坚战。

2016 年 12 月 2 日，发布《国务院关于印发"十三五"脱贫攻坚规划的通知》，"十三五"脱贫攻坚规划为打赢脱贫攻坚战制定

---

① 习近平. 坚决打赢脱贫攻坚战 [EB/OL].（2017-11-03）[2022-12-01]. http://jhsjk.people.cn/article/29626301.

② 习近平. 坚决打赢脱贫攻坚战 [EB/OL].（2017-11-03）[2022-12-01]. http://jhsjk.people.cn/article/29626301.

了时间表和路线图。

2017 年 10 月，党的十九大明确把精准脱贫作为决胜全面建成小康社会必须打好的三大攻坚战之一，作出了新的部署。同年 12 月 28 日，习近平总书记在中央农村工作会议上强调，把提高脱贫质量放在首位，注重扶贫同扶志、扶智相结合，瞄准贫困人口精准帮扶，聚焦深度贫困地区集中发力，激发贫困人口内生动力，强化脱贫攻坚责任和监督，开展扶贫领域腐败和作风问题专项治理。①

针对当时我国贫困发生率尚有 3.1% 的实际状况，中共中央、国务院于 2018 年公布了《关于打赢脱贫攻坚战三年行动的指导意见》，全党全国进入坚决打赢深度贫困攻坚战冲刺决胜阶段。

2021 年 2 月 25 日，习近平总书记向全世界庄严宣告："经过全党全国各族人民共同努力，在迎来中国共产党成立一百周年的重要时刻，我国脱贫攻坚战取得了全面胜利，现行标准下 9899 万农村贫困人口全部脱贫，832 个贫困县全部摘帽，12.8 万个贫困村全部出列，区域性整体贫困得到解决，完成了消除绝对贫困的艰巨任务，创造了又一个彪炳史册的人间奇迹！这是中国人民的伟大光荣，是中国共产党的伟大光荣，是中华民族的伟大光荣！"② 精准扶贫方略的成功实践，对中国和世界都具有重大意义，不仅

---

① 中央农村工作会议在北京举行 习近平作重要讲话 [EB/OL].（2017-12-29）[2022-12-01]. http://jhsjk.people.cn/article/29737103.

② 习近平. 在全国脱贫攻坚总结表彰大会上的讲话 [N]. 人民日报，2021-02-26.

为我国全面建成小康社会、实现第一个百年奋斗目标发挥了重要的作用，同时创造了人类减贫史上的奇迹，彰显了中国共产党领导和中国特色社会主义制度优势、中国共产党的治理能力和改革创新能力，为解决贫困治理一系列世界难题提供了中国智慧和中国方案。

* 脱贫攻坚故事

时代造就英雄,伟大来自平凡。在脱贫攻坚工作中,数百万扶贫干部倾力奉献、苦干实干,同贫困群众想在一起、住在一起、干在一起,将最美的年华无私奉献给了脱贫事业,涌现出许多感人肺腑的先进事迹。

毛相林:开山致富的筑路人

"山凿一尺宽一尺,路修一丈长一丈,就算我们这代人穷十年、苦十年,也一定要让下一辈人过上好日子!"在重庆市巫山县竹贤乡下庄村,村支书毛相林带领村民花了7年时间在悬崖上凿出一条"天路",这也是一条带领村民走向富裕之路。

"我们这里像个井底,所以习惯往上看。"暖阳洒在院坝,毛相林的眼睛眯成了一条缝:"老一辈传下来的顺口溜:下庄像口井,井有万丈深,来回走一趟,眼花头又晕。"过往的数百年,下庄人出山只能沿着一条盘旋在绝壁上的羊肠小道不断向上攀援,世世代代几乎与世隔绝。当时村里400多位村民,近一半的村民一辈子都没走出过大山。贫穷闭塞,似乎成了下庄人难以摆脱的宿命。

要致富,先修路!1997年,38岁的下庄村党支部书记兼村委会主任毛相林,在村民大会上提出了一项大胆建议——修路!这一想法一说出口，就遭到了众多村民的反对和质疑。此时的毛相林并没有气馁，因为他理解村民的想法，下庄村被四周的高山绝壁合围，要在这样的地方凿出一条"天路"，是何等困难的事！但是，他更知道，只有凿出路来，下庄村民才有机会过上好日子。于是，他充满激情地给大家鼓劲："咱不能一直当穷汉，就算再难，我也要带头冲一冲。这辈人修不下来，下辈人接着修，就是抠，也要抠出一条路出来！"

于是，在那个寒风刺骨的冬天里，一条改变下庄村人命运的"天路"开凿了！在毛相林的带领下，老少乡亲加入筑路队伍。由于四周都是悬崖峭壁，还常常有狂风暴雨的天气，乡亲们只能寻找山洞避难，靠放一炮炸出"立足之地"；为了防止晚上睡觉翻身掉下悬崖，他们都需要在腰间拴上根"保险绳"，并将绳子的一头拴在岩壁的老树根上。毛相林在这一路上不知磨破多少双橡胶鞋，脚上手上也不知磨出多少的血泡、老茧，但是他从未将手中那把已经开了几个口子的斧头松开，甚至在山上住了3个月没回家，为的只是早日修通公路。

但是，修路的艰难远远超出了毛相林当初的想象。修路的第三年，在不到2个月的时间里，接连有2名村民意外身亡。26岁的沈庆富，在修路时被一块滚落的巨石砸中，不幸落入了万丈山谷。36岁的黄会元，也因被滚落的山石砸中而不治身亡。毛相林无比愧疚，他强忍悲痛，用颤抖的声音问大家："还要继续下去吗？如果再修下去，可能还要死人。""要修！"黄会元的父亲黄益坤应声道，"路不修了，那儿子不是白死了吗？必须修下去！我儿子死得光荣！"在场的所有人也都举起手表示要修下去。毛相林望着眼前坚定的乡亲们，强忍住眼里的泪水，立下誓言："就算我们这代人穷十年，苦十年，我们也一定要把路修下去，让下一代人过上好日子。"此后，又有4名村民为修路献出了自己的生命，但这丝毫没有动摇下庄人修路的决心。为了早日走出大山，早日拔掉穷根，他们化悲痛为力量，夜以继日埋头苦干。

7年！整整7年的时间！下庄村乡亲在毛相林的带领下，终于凿出了一条8公里长的"天路"。这条"绝壁天路"也是他们走出大山，与外界联系，脱离贫困的幸福之路！

路通了，村里的年轻人纷纷外出务工，收入有了明显的提高。但是，大多数村民还是因为常年的乡村闭塞，没有好的创收渠道，仍然生活在贫困线下。毛相林看在眼里急在心里，怎样才能带领村民脱贫致富呢？他千方百计改造下庄村的发展模式，将传统单一的种植方式改为种桑树养蚕，但是因为气候等原因并未成功。毛相林又带着村民种植柑橘树，但不承想，村里的500亩柑橘又生虫害，几乎绝收。痛定思痛，毛相林组织召开了村民大会，他当众检讨并寻找失败的原因。此时，善良的村民坚定地选择依旧支持他："当年修路那么苦都熬过来了，现在这点困难算什么？"不久，县里派来了柑橘栽种技术专家，手把手教村民栽种技术。经过几年的努力，村里的柑橘产业终于"起死回生"。2019年，柑橘产量接近40吨。

村民终于尝到了致富的甜头。但是，因为柑橘的收成只有一季，而且不同村民的种植效果也不一样，他们不想只依靠柑橘这一项成果。于是，在县城吃到过香甜西瓜的毛相林，就有了种植西瓜的想法。有了种植柑橘的经验，毛相林这次变"精明"了。他先请教专业人士，然后自己试种两分田，可喜的是，第一次试种就获得了成功！他种植的西瓜在县城大卖！村民们纷纷加入了种瓜的行列。

慢慢地，在毛相林的带动下，下庄村确定了发展柑橘、西瓜、桃这三大产业，打通了脱贫致富路。2015 年，下庄村整村脱贫；2019 年，全村累计 64 户 269 人稳定脱贫。脱贫后的下庄村迎来了更多的新变化，更多的年轻人选择回到下庄村创业，为乡村振兴注入蓬勃生机。

时代造就英雄，伟大来自平凡。2021 年 2 月 25 日，毛相林获得"全国脱贫攻坚楷模"荣誉称号。毛相林将自己最好的年华献给了下庄村的脱贫工作。下庄村成为书写乡村振兴"中国故事"的生动注脚。

参考资料

[1]《毛相林："我愿当一辈子筑路人"》，人民网，http://dangjian.people.com.cn/n1/2020/1117/c117092-31933262.html。

[2]《敢向绝壁要"天路"——记当代"愚公"毛相林》，光明网，https://politics.gmw.cn/2020-11-16/content_34373144.htm。

张桂梅：无私无我的"燃灯校长"

　　2020 年 5 月，获得"全国优秀教师"荣誉称号；2021 年 2 月，获得"感动中国 2020 年度人物"荣誉称号；2021 年 2 月，被中共中央、国务院授予"全国脱贫攻坚楷模"荣誉称号；2021 年 6 月，被中共中央授予"七一勋章"……这些还只是张桂梅近年获得的荣誉，在这之前，她获得的各种荣誉已经数不胜数。张桂梅是人们心中的"明星"。但是，张桂梅说："荣誉是人民给我的，应当让它为人民造福。"

　　"燃灯校长"张桂梅，扎根边疆教育 40 多年，燃烧着珍贵的生命，用炽热的教育之光阻断贫困代际传递，照亮了无数山区女孩的追梦人生。张桂梅幼年丧母、青年丧父、中年丧夫，自己也身患多种疾病，却坚持抱着病体四处筹资，在云南省华坪县筹建了全国第一所全免费女子高中。女子高中没有进校门槛，建校 10 多年帮助近 2000 名贫困山区女孩走出了大山，用知识改变了命运。

　　1996 年 8 月，张桂梅来到丽江华坪县当了一名教师。她本可以进华坪一中，但她放弃了，选择了中心中学。因为中心中学办学条件比华坪一中差。1997 年 8 月，华坪县民族中学分设成立。当时张桂梅正在住院做手术，但是她马上又主动要求调到民族中学工作。因为她知道民族中学的办学条件最差：经费最紧张、校舍最破陋、教学设备最落后、生源素质最差、学生又最穷。哪里办学条件差，她就要求往哪里调，这就是张桂梅。在民族中学工作期间，她曾经为了让一个失学女孩归校，走遍了大山深处、叩门问人。当终于见到这位"不争气"的孩子时，张桂梅没有责骂，只有满脸的心疼、双目的泪水与苦口婆心："你为什么不和我说一声就回来了？走，回去！和我吃，和我睡。"女孩不做声，过会儿一边嘴里嘟嘟囔囔着"不读了，不想读了……"一边又流下了委屈的眼泪。张桂梅见状，急急忙忙地和孩子父母商量，不管出钱还是出力，她都愿意尽自己最大的努力，只要把这孩子带回去继续上学。孩子父母终年在大山里生活，不知读书的用处，还是不同意让孩子继续学业。张桂梅不厌其烦，一遍又一遍地告诉女孩的父母："女孩子也要读书，读书能挣钱的，上学的钱我来出……"终于做通了家长的思想工作。就是这样，张桂梅一个又一个找回了很多像这样"读着读着就不见了"的女孩。就是因为这群可怜的孩子，张桂梅开始有了一个大而美的梦想，"我要在这大山里办一所全免费的女校，让那些因贫困和愚昧而辍学的女孩子都能够上高中，上大学！"她，决心成为这些山区女孩的妈妈，帮助她们梦想起航、翱翔万里。

2002年，建校的漫漫征途开始了。张桂梅带着证件辗转各地，一遍一遍地请求："请支持我们，请关注山区孩子的命运，帮帮我们吧！"但与之相随的是一次次嘲讽、谩骂，甚至被吐口水，被讥笑为"骗子"……五年，她苦不堪言、路远迢迢，但换不来梦想成真。五年，只筹款到1万元。她苦恼过、无措过，但从没退缩过。所有的委屈在张桂梅心中都不算什么，因为还有一群孩子在等待她的救助。

时光善待坚定而又努力的人。2007 年，张桂梅当选党的十七大代表，获得了更大的发声舞台。她告诉记者，自己有一个办免费女子高中的梦想，希望通过记者呼吁社会关心贫困山区的教学，关注孩子们的成长。很快，《我有一个梦想》的报道引起了社会广泛的关注。丽江市和华坪县硬是从并不宽裕的财政收入里各拿出 100 万元作为启动资金，县里还划拨了建校用地，一些企业家也纷纷解囊相助，张桂梅的女校终于开始筹建了。2008 年 9 月，华坪女高正式开学。大山的女孩们如愿拥有了梦想的起航点——华坪女高。为了让学生考出大山，张桂梅把"家"安在了学生宿舍。每天 5 点多，张桂梅就起床了，拿着小喇叭催促学生起床、吃饭、做操，陪伴学生晨读、上课、自习，晚上 12 点后才休息。连续多年，华坪女高不仅一本上线率保持在 40% 多，高考成绩综合排名也位居丽江市 14 所高中的第一名。华坪女高佳绩频出，张桂梅的身体却每况愈下，患上了 10 余种疾病。张桂梅说："当听到学生大学毕业后能为社会做贡献时，我觉得值了。她们过得比我好，比我幸福，就足够了，这是对我最大的安慰。"

"烂漫的山花中，我们发现你。自然击你以风雪，你报之以歌唱。命运置你于危崖，你馈人间以芬芳。不惧碾作尘，无意苦争春，以怒放的生命，向世界表达倔强。你是崖畔的桂，雪中的梅。"这是"感动中国 2020 年度人物"写给张桂梅的颁奖词。让我们共同致敬燃烧自我、照亮他人的张桂梅校长，她值得拥有每个人的敬意！

┈┈┈┈ 参考资料 ┈┈┈┈

《女高校长张桂梅》，人民网，http://edu.people.com.cn/n1/2021/0331/c1006-32065740.html。

黄文秀：大山女儿的青春之歌

不忘来路感党恩，坚定信念跟党走。这是一名年轻的共产党员——黄文秀，用生命践行的座右铭。

2016年夏天，北京师范大学硕士毕业的黄文秀放弃了留在北京发展的机会，毅然回到家乡广西百色革命老区工作，并主动请缨到贫困村担任驻村第一书记，带领当地群众脱贫致富奔小康。

然而，2019年的6月，一场突如其来的山洪，让这位年轻的"驻村第一书记"的人生定格在30岁。黄文秀被追授"时代楷模""最美奋斗者""全国优秀共产党员""全国脱贫攻坚楷模"称号，中共中央授予她"七一勋章"。

1989年，黄文秀出生于百色市田阳县的一个农民家庭。从小家境贫寒，她在国家助学政策的帮助下完成了学业。所以，在小文秀的心里，不仅埋下了奋发自强的种子，更是滋养了感怀党恩的真情。

2008年，黄文秀考取了山西长治学院。刚入校不久，黄文秀就向学校党组织递交了入党申请书。她在申请书中写道："没有政府的扶贫资助，家里不可能供得起我上大学。我选择读思政专业，选择加入中国共产党，是发自内心的。"大学期间，品学兼优的黄文秀终于如愿加入了中国共产党，并且在本科毕业之后顺利考入北京师范大学哲学学院，攻读硕士学位。研究生一毕业，黄文秀就主动放弃北京的工作机会，回到了生她养她的革命老区百色。她说："我要回去把希望带给更多的父老乡亲，为改变家乡贫穷落后面貌尽绵薄之力。"为了响应国家的脱贫攻坚号召，两年后她主动要求来到百坭村担任驻村第一书记，立下脱贫攻坚任务"不获全胜、决不收兵"的铿锵誓言。

百坭村是一个深度贫困村。村子位于深山之中，群山环绕，山路蜿蜒陡峭，村里的贫困户散居在 11 个自然屯，最远的距离村委会 13 公里。当初组织考虑到一个女孩子去偏远的百坭村开展工作会不方便，本想给她换个离县城近点的地方，但被她拒绝了。上任不久，她就发现村里的实际情况比想象的更复杂，对于她这个不熟悉地形的"新手"来说，要在最短的时间内掌握全村贫困户的详细情况是非常困难的。不仅如此，初到百坭村，她便面临着村民们的"偏见"，村民们认为她"只是来镀金的，不可能真心实意帮助大家脱贫"。但她没有失去信心，坚持深入地开展群众工作。她走访贫困家庭的时候，常常脱下外套就帮助打扫院子；贫困户不让她进家门，她就去两次、三次……贫困户不在家，她就去田里，边帮他们干农活边聊天。时间久了村民们见得她多了，开始慢慢地接受她。经过两个月的摸底，她就基本掌握了全村概况，并且绘制了百坭村贫困户分布图，用实际行动赢得了乡亲们的信赖。

黄文秀把扶贫之路作为"心中的新长征"。她在驻村日记里这样写道："在我驻村满一年的那天，我的汽车仪表盘里程数正好增加了两万五千公里。我简单地发了一个朋友圈'我心中的长征，驻村一周年愉快'。"两万五千公里，对于黄文秀来讲，有别样的理解。她经常用这句话来勉励自己："长征的战士死都不怕，这点困难怎么能限制我继续前行。"这就是黄文秀的初心。

虽然扶贫之路充满艰辛，但黄文秀的身上始终洋溢着积极乐观、奋斗拼搏的青春热情，充满了朝气蓬勃、昂扬向上的青春力量。她全身心扑在工作上，跑项目、找资金、请专家，深入挖掘百坭村的资源优势，大力发展杉木、砂糖橘、八角等适合百坭村发展的特色种植产业。仅仅一年时间，全村种植杉木从原来的 8000 余亩发展到 20000 余亩，砂糖橘从 1000 余亩发展到 2000 余亩，八角从 600 余亩发展到 1800 余亩，另外种植优质枇杷 500 余亩。2018年，通过建立电商服务站，黄文秀帮助全村群众销售砂糖橘 4 万多斤，销售额达 22 万元左右，30 多户贫困户每户增收 2500 元左右。2018 年，百坭村 103 户贫困户顺利脱贫 88 户，贫困发生率从她上任时的 22.88% 降至 2.71%。村集体经济收入达 6.38 万元，实现翻倍增收。黄文秀坚持扶贫与扶志相结合，成立了"乡村振兴 青年作为"小志愿者服务队，开展村规民约吟诵比赛、文明家庭评选活动等等，通过乡风文明建设，激发群众的脱贫内生动力。在她的带领下，百坭村获得百色市 2018 年度"乡村文明"红旗村荣誉称号。

就在"不获全胜、决不收兵"的铿锵誓言即将实现的前夕，2019年6月16日，百色遭遇强降雨。当天，黄文秀正利用周末回家看望刚刚做过大手术的父亲。她心中惦记着百坭村群众安危，决定连夜开车从百色赶回百坭村。临走前，父母嘱咐她："太晚了，又在下雨，开车注意安全！"就在回百坭村途中，黄文秀遭遇了山洪暴发，不幸因公牺牲，年仅30岁。这朵最美的花，就这样停留在了最美的年华。

"出走半生程，不忘来时路"，短短十字，不仅是对黄文秀的生动写照，更是当代共产党员不忘初心、牢记使命的外在体现。"有些人从山里走了，就不再回来；你从城里回来，却再没有离开。来的时候惴惴，怕自己不够勇敢；走的时候匆匆，留下最美的韶华。百色的大山，你是最美的朝霞；脱贫的战场，你是醒目的黄花。"这是"感动中国2019年度人物"写给黄文秀的颁奖词。黄文秀的故事鼓舞着为中华民族伟大复兴而奋斗的青年们立下铿锵誓言："请党放心，强国有我！"

参考资料

《致敬"大山的女儿"黄文秀》，中国青年网，https://news.youth.cn/jsxw/202207/t20220728_13879191.htm。

刘虎：用生命引水的"拼命三郎"

他，用生命赴使命，为伽师县脱贫攻坚补上了饮水安全的短板，让一方群众喝上了甘甜水。2021年2月25日，全国脱贫攻坚总结表彰大会上，他荣获"全国脱贫攻坚楷模"荣誉称号。奖状是由妻子前往人民大会堂代领的，他重病卧床，通过手机观看全国脱贫攻坚总结表彰大会的盛况。当听到习近平总书记向全世界庄严宣告我国脱贫攻坚战取得了全面胜利时，热泪顺着他消瘦的脸颊滚落下来。他吃力地说："能让伽师人民早日喝上甜水，一切付出都是值得的，值得的……"同年7月3日，这位1米8的汉子，终因病情极度恶化闭上双眼，永远地离开了他眷恋并为之奋斗一生的伽师人民。

他，就是拼了命也要把甘甜雪水引入新疆伽师县的伽师县水利局原局长刘虎。

伽师县地处新疆喀什地区，长期干旱少雨，年降水量只有几十毫米。千百年来，伽师县人一直为饮水困扰。"祖祖辈辈都是这么过来的，咱们生在这穷地方，就是吃苦咸水的命。"喝上健康优质的自来水，是几代伽师人的梦想。新中国成立后，伽师县的饮水条件逐步改善。1995年，伽师县又开启了向地下寻水的征程。历尽艰辛，2007年，饮用涝坝水这一取水方式终于在伽师县退出历史舞台。但是地下水水质差仍旧困扰着伽师干部群众，即使井深不断加大、管线不断延长也依然成效不佳。

2016 年 11 月，刘虎由伽师县农业农村局调至县水利局任局长。他深知，城乡饮水安全是伽师县脱贫摘帽的一项重要衡量指标，关系到伽师县能否在 2020 年如期完成脱贫攻坚任务。于是，他决心把数百公里之外的甘甜雪水引入伽师。但是这个工程要穿越 3 个县，途经戈壁碱滩、沟壑库塘等区域，建设难度很大。伽师县水利局副局长阿巴斯·斯地克说："把冰川雪水引入伽师，这是几代伽师人的梦想。但是，这工程大得我们想都不敢想。"

刘虎不是不知道困难有多大，但他决心迎难而上："没有什么力量可以阻挡我们对人民的脱贫承诺。"他带领技术专家一趟趟勘察建设路线，一遍遍修改建设方案，一次次向上级水利部门请示汇报。通过多次论证、多方努力，2019 年 5 月 2 日，总投资 17.49 亿元的伽师县城乡饮水安全工程终于开工，被当地干部群众视为"不敢想的引水项目"落地了！ 65 个标段，跨越 3 个县，输水干管长 112 公里，输水支管长 167 公里，改扩建配水管网 1548 公里。这些数字对刘虎和他的团队来说，意味着"5+2""白 + 黑"成了常态。"我每做成一件事就收获一次快乐。"刘虎说。白天，他和同事一起翻沙包，跨戈壁，走村串户，只要施工中遇到问题，都会第一时间帮助解决；晚上，他参加完调度会，又回到办公室查阅资料，整理笔记，办公室的灯总要亮到深夜。刘虎把时间都用在了工作上，每天只睡三四个小时，即便这样，他也总是说说笑笑，无怨无悔。每当有人劝他："刘局长，要注意身体，不要太累啊！"他立刻很精神地回答："我不累，工作是快乐的！"

伽师群众笑称刘虎是"拼命三郎"。但是，早在 2017 年 5

月，刘虎就被确诊为肺癌。工作期间，有时胸痛得满头大汗，但他一声不吭，实在忍不住了，就悄悄去医院做化疗，第二天又出现在施工现场。"伽师县城乡饮水安全工程施工后，刘局长去医院的次数越来越少，医生打电话都劝不动他。"刘虎的同事吾斯曼·热合曼回忆说。原本每隔 21 天需进行一次化疗的他，一连 5 个月都没去过医院。年迈的母亲近乎央求地让他抓紧住院养病，他却哄着母亲说："我好着呢，不用担心，等工程完工后我就立刻住院！"

2020 年 4 月下旬，刘虎夜晚巡查管线，接到下游管线巡检人员的电话："我们这里水压不正常，管道漏水了。"二话不说，刘虎坐上车就往排气井奔去。他一边协调技术专家赶过来，一边安排巡检人员抢修，并以最快速度调集来 2 台水泵。他在井边打着大灯指挥工人井下作业，一直到故障排除完毕，已是凌晨 4 点多。"走，我们继续巡检。"疾病缠身的刘虎，双腿如灌了铅一样沉重，但他丝毫没有表现出要休息的意思，吃了随身带的止痛药，又奔向下一个点。"刺骨的寒风吹来，让人连连打寒战。"参与巡检的邓龙回忆当时的情景，动情落泪，"但是刘局长一夜没有合眼。"

2020 年 4 月底，工程进入试供水阶段，刘虎的工作更加繁忙。

一天，在总水厂调试设备的刘虎，突然接到了父亲的电话。"虎子，啥时候回家呀？"父亲有些犹豫地问。

"最近可忙呢，通水后就回家。"刘虎答完就挂断了电话，埋头继续干活。3 天后，母亲的电话又打了过来，试探着说："没啥事，就问问你啥时候回家，你爸想你了。""等通水了，我就回去看你们。"刘虎又一次挂断了电话。过了 2 天，刘虎的妻子宋桂蓉又打来了电话："你快请假回家，老爹住院了。"等刘虎赶到医院才知道，父亲住院好多天了，就盼着儿子回来看看。刘虎只在医院短暂停留，他安慰母亲道："等通水了，我就回家照顾你们，到那时，天天陪你们。"其实那时刘虎的心因愧疚在滴血。他以为还有机会实现心愿，却没想到，那一次竟然是永别。

改水工程以惊人的速度和优异的质量争分夺秒地向前推进着。2020年5月20日，工程实现了正常供水，水质检测完全达标！工程开工到完成，仅仅用了短短8个多月，比原计划提前了一个月，工期比同等规模的工程缩短了近一半！慕士塔格峰冰川雪水带着伽师人祖祖辈辈的希望和期盼，奔向伽师县10余万户家庭。"甜水来了！""好水来了！"人们奔走相告，跳呀、唱呀、笑呀……而此刻，47岁的刘虎，哭得像一个孩子，眼泪顺着这位为水而战的"拼命三郎"的黝黑脸庞哗哗往下流。

2020年9月，刘虎住进了医院。由于持续休息不足、治疗不及时，他左眼失明，癌细胞转移至骨髓，瘫痪在床。2021年7月3日，刘虎永远地离开了他眷恋并为之奋斗一生的伽师人民。弥留之际，他拉着妻子的手说："我们的党走过了100周年，我也快年过半百了，不能陪你走完下半生是我最大的遗憾，但能够为党做些工作，此生也值！"

刘虎用忠诚和大爱、热血和激情、拼搏和奋斗，奏响生命的浩歌，向国家和人民交出了一份满意的答卷。

参考资料

［1］《刘虎：为了让群众喝上"幸福水"》，人民网，http://xj.people.com.cn/n2/2021/1107/c186332-34993680.html。

［2］《"拼命三郎"刘虎：用生命引来甘甜水》，搜狐网，https://www.sohu.com/a/501560014_120154373。

［3］《让乡亲们吃上甜水，此生无憾》，人民网，http://xj.people.com.cn/n2/2021/0226/c186332-34595164.html。

十八洞村："精准扶贫"首倡地

湖南湘西，十八洞村。8年脱贫攻坚战，让这个曾经的深度贫困村，换上新颜、名扬中外。

十八洞村是一个古老而又美丽的苗族村寨，但是因为地处武陵山脉腹地，交通闭塞又缺田少地，群众生活常年徘徊在贫困线以下。他们在干硬的土地上用锄头奋力开垦，然后小心翼翼地播下粮食的种子，盖上土，把自己的希望种下。他们用粗糙的手掌呵护小小的种子发芽，却发现自己无力抵御天灾，无力挽回作物的死亡，更无力把自己和伙伴带出特困地区。2013年，全村225户939人，人均可支配收入只有1668元，贫困发生率高达57%。"一家人几兄弟合穿一条裤子，谁出门，谁穿那条好一点的裤子。"这就是从前的十八洞村，是全国14个集中连片特困地区脱贫攻坚主战场之一。精准扶贫，使十八洞村成为中国脱贫攻坚历程中具有地标性意义的地方。

2013 年 11 月 3 日，对十八洞村人民来说，是一个永远值得纪念的日子。这一天，习近平总书记走进村里，坐在村民晒谷场上，面对围坐在身边的父老乡亲，首次提出"精准扶贫"概念①，作出"实事求是、因地制宜、分类指导、精准扶贫"②的重要指示。习近平说："发展是甩掉贫困帽子的总办法，贫困地区要从实际出发，因地制宜，把种什么、养什么、从哪里增收想明白，帮助乡亲们寻找脱贫致富的好路子。"③

习近平明确要求"不栽盆景，不搭风景""不能搞特殊化，但不能没有变化"，不仅要自身实现脱贫，还要探索"可复制、可推广"的脱贫经验④。自此，十八洞村的村民们打开了新的思路，开启了封闭的山门，插上了腾飞的翅膀。

精准识别贫困对象是十八洞村的首要任务。在没有先例可循

① 习近平.坚决打赢脱贫攻坚战[EB/OL].（2017-11-03）[2022-12-02].http://jhsjk.people.cn/article/29626301.
② 赵承，霍小光，张晓松，等.习近平的扶贫故事[N].人民日报，2020-05-20.
③ 习近平在湖南考察时强调：深化改革开放推进创新驱动实现全年经济社会发展目标[EB/OL].（2013-11-06）[2022-12-02].http://jhsjk.people.cn/article/23444549.
④ 习近平首次提出"精准扶贫"的重要思想[EB/OL].（2021-11-05）[2022-12-02].https://www.12371.cn/2021/11/05/VIDE1636090811985724.shtml?from=groupmessage& ivk_sa=1024320u.

的情况下，村里以"家里有拿工资的不评""在村里修了三层以上楼房的不评""在城里买了商品房的不评"等"九个不评"排除法和"户主申请、群众评议，三级会审、公告公示、乡镇审核、县级审批、入户登记"的"七道程序"相结合的方式，精准完成了十八洞村贫困户识别工作，共识别出贫困户136户542人，占全村总人口的57%。

2014年，县扶贫工作队进村，按照"因乡因族制宜、因村施策、因户施法，扶到点上、扶到根上"的指导思想，充分挖掘当地的发展潜力，一户一策带领村民发展猕猴桃、烤烟、野生蔬菜、冬桃、油茶等种植业，帮助村民脱贫致富。为了把猕猴桃做成十八洞村的特色产业，当地干部针对"人多地少"问题，提出按照"跳出十八洞发展十八洞产业"的思路，探索实施了"飞地经济"模式：在20多公里外的湘西国家农业科技园区流转土地种植猕猴桃，来弥补村里土地不足的问题；村民用政策支持的扶贫资金入股，通过分红获得红利；中国科学院武汉植物园提供技术帮扶指导……"飞地经济"模式带动了村里经济快速发展，村民走上了致富之路。

村里还发展以土鸡、蜜蜂为主的养殖业，昔日的"三无"村民龙先兰变成了今日的"养蜂大王"，不仅自己实现脱贫，还邀请村民组建合作社，带动118户562人一起养蜂，年收入达150万元以上。

退休村支书石顺莲牵头成立"十八洞村苗绣特产农民专业合作社"，与企业和高校签订合作协议，共同培养绣工，拓展订单业务，不仅让参与其中的农民收入提高，更是将十八洞苗绣打出了品牌，使其成为高端商务礼品，甚至与"高铁"这张中国名片一起走向了世界各地。

村里有好水，堪比"真正的农夫山泉"。为了把好水卖出去，村干部抓住企业家代表来村考察的机会，积极促成合作。2017年10月，一座现代化水厂建成投产，十八洞村集体以资源和品牌入股，占股15%，近两年村集体年均分红60万元。

2017年2月，湖南省扶贫办宣布十八洞村脱贫摘帽。2019年，十八洞村人均纯收入达到14668元，村集体经济收入126.4万元。2020年，村人均纯收入达到18369元，村集体经济收入超过200万元。

新时代的十八洞村，每一天都有新的变化。十八洞村人正摩拳擦掌，从打造精准扶贫样板的经验出发，向成为乡村振兴的样板进军。新征程的号角已经吹响，像十八洞村这样的奇迹一定会越来越多，这些美丽村庄描绘的拼搏奋斗画页，正汇聚成全面建成小康社会的幸福画卷。

参考资料

［1］《十八洞村：精准扶贫首倡地，脱贫攻坚样板村》，澎湃网，https://m.thepaper.cn/baijiahao_12435551。

［2］《湖南十八洞村：从精准扶贫出发 向乡村振兴进军》，人民网，http://society.people.com.cn/gb/n1/2022/0712/c1008-32472676.html。

［3］《"精准扶贫不落一人"：十八洞村脱贫评估表》，宣传家网，http://www.71.cn/2022/0210/1158620.shtml。

脱贫攻坚精神

中国共产党人的精神谱系

从 2012 年底拉开新时代脱贫攻坚序幕，到 2020 年底，中国如期完成新时代脱贫攻坚目标任务，现行标准下 9899 万农村贫困人口全部脱贫，832 个贫困县全部摘帽，12.8 万个贫困村全部出列，创造了又一个彪炳史册的人间奇迹！

脱贫攻坚战的全面胜利，标志着我们党在团结带领人民创造美好生活、实现共同富裕的道路上迈出了坚实的一大步。脱贫摘帽不是终点，而是新生活、新奋斗的起点。乡村振兴是实现中华民族伟大复兴的一项重大任务，全面实施乡村振兴战略更需要攻坚克难的精气神。

伟大事业孕育伟大精神，伟大精神引领伟大事业。征途漫漫，精神永恒，初心永照。伟大脱贫攻坚精神是弥足珍贵的精神财富，将永远激励中国人民克服一切艰难险阻，为实现中华民族伟大复兴而接续奋斗。

抗疫精神

生命至上　举国同心　舍生忘死

尊重科学　命运与共

精 神内涵

在这场同严重疫情的殊死较量中，中国人民和中华民族以敢于斗争、敢于胜利的大无畏气概，铸就了生命至上、举国同心、舍生忘死、尊重科学、命运与共的伟大抗疫精神。

——生命至上，集中体现了中国人民深厚的仁爱传统和中国共产党人以人民为中心的价值追求。"爱人利物之谓仁。"疫情无情人有情。人的生命是最宝贵的，生命只有一次，失去不会再来。在保护人民生命安全面前，我们必须不惜一切代价，我们也能够做到不惜一切代价，因为中国共产党的根本宗旨是全心全意为人民服务，我们的国家是人民当家作主的社会主义国家。我们果断关闭离汉离鄂通道，实施史无前例的严格管控。作出这一决策，需要巨大的政治勇气，需要果敢的历史担当。为了保护人民生命安全，我们什么都可以豁得出来！从出生仅30多个小时的婴儿到100多岁的老人，从在华外国留学生到来华外国人员，每一个生命都得到全力护佑，人的生命、人的价值、人的尊严得到悉心呵护。这是中国共产党执政为民理念的最好诠释！这是中华文明人命关天的道德观念的最好体现！这也是中国人民敬仰生命的人文精神的最好印证！

——举国同心，集中体现了中国人民万众一心、同甘共苦的团结伟力。面对生死考验，面对长时间隔离带来的巨大身心压力，广大人民群众生死较量不畏惧、千难万险不退缩，或向险而行，或默默坚守，以各种方式为疫情防控操心出力。长城内外、大江南北，全国人民心往一处想、劲往一处使，把个人冷暖、集体荣辱、国家安危融为一体，"天使白""橄榄绿""守护蓝""志愿红"迅速集结，"我是党员我先上""疫情不退我不退"，誓言铿锵，丹心闪耀。14亿中国人民同呼吸、共命运，肩并肩、心连心，绘就了团结就是力量的时代画卷！

——舍生忘死，集中体现了中国人民敢于压倒一切困难而不被任何困难所压倒的顽强意志。危急时刻，又见遍地英雄。各条战线的抗疫勇士临危不惧、视死如归，困难面前豁得出、关键时刻冲得上，以生命赴使命，用大爱护众生。他们中间，有把生的希望留给他人而自己错过救治的医院院长，有永远无法向妻子兑现婚礼承诺的丈夫，也有牺牲在救治岗位留下幼小孩子的妈妈……面对疫情，中国人民没有被吓倒，而是用明知山有虎、偏向虎山行的壮举，书写下可歌可泣、荡气回肠的壮丽篇章！中华民族能够经历无数灾厄仍不断发展壮大，从来都不是因为有救世主，而是因为在大灾大难前有千千万万个普通人挺身而出、慷慨前行！

——尊重科学，集中体现了中国人民求真务实、开拓创新的实践品格。面对前所未知的新型传染性疾病，我们秉持科学精神、科学态度，把遵循科学规律贯穿到决策指挥、病患治疗、技术攻关、社会治理各方面全过程。在没有特效药的情况下，实行中西医结合，先后推出八版全国新冠肺炎诊疗方案，筛选出"三药三方"等临床有效的中药西药和治疗办法，被多个国家借鉴和使用。无论是抢建方舱医院，还是多条技术路线研发疫苗；无论是开展大规模核酸检测、大数据追踪溯源和健康码识别，还是分区分级差异化防控、有序推进复工复产，都是对科学精神的尊崇和弘扬，都为战胜疫情提供了强大科技支撑！

——命运与共，集中体现了中国人民和衷共济、爱好和平的道义担当。大道不孤，大爱无疆。我们秉承"天下一家"的理念，不仅对中国人民生命安全和身体健康负责，也对全球公共卫生事业尽责。我们发起了新中国成立以来援助时间最集中、涉及范围最广的紧急人道主义行动，为全球疫情防控注入源源不断的动力，充分展示了讲信义、重情义、扬正义、守道义的大国形象，生动诠释了为世界谋大同、推动构建人类命运共同体的大国担当！

人无精神则不立，国无精神则不强。唯有精神上站得住、站得稳，一个民族才能在历史洪流中屹立不倒、挺立潮头。同困难作斗争，是物质的角力，也是精神的对垒。伟大抗疫精神，同中华民族长期形成的特质禀赋和文化基因一脉相承，是爱国主义、集体主义、社会主义精神的传承和发展，是中国精神的生动诠释，丰富了民族精神和时代精神的内涵。我们要在全社会大力弘扬伟大抗疫精神，使之转化为全面建设社会主义现代化国家、实现中华民族伟大复兴的强大力量。

——2020 年 9 月 8 日，习近平在全国抗击新冠肺炎疫情表彰大会上的讲话[1]

---

[1] 习近平.在全国抗击新冠肺炎疫情表彰大会上的讲话 [N].人民日报，2020-09-09.

发 展历程

2020 年初，一场突如其来的新冠疫情，打乱了人们迎接新春的脚步。此次疫情是新中国成立以来，我国遭遇的传播速度最快、感染范围最广、防控难度最大的重大突发公共卫生事件。

面对前所未见、突如其来的新冠疫情，中国率先报告、率先出征，以对全人类负责的态度，打响了一场疫情防控的人民战争、总体战、阻击战。

为阻断疫情传播，2020 年 1 月 23 日，国家果断关闭离汉离鄂通道，实施史无前例的严格管控。"封锁"武汉这样一个特大城市，必然带来一系列复杂深远的影响，但在汹涌的疫情面前，为拯救更多的生命，"封城"是唯一选择。"武汉不愧为英雄的城市，武汉人民不愧为英雄的人民"①，76 天"封城"，上演了无数的悲壮和光荣。

疫情发生后，全国上下紧急行动，全力支援湖北省和武汉市抗击疫情。短短 10 天左右时间建成火神山和雷神山两大方舱医院、改建 16 座方舱医院、开辟 600 多个集中隔离点；呼吸机、体外膜肺氧合等各种医疗抢救设备、物资向湖北、武汉快速集中；241 支国家援鄂医疗队 3675 人出征湖北，共支援当地 14 所方舱医院、7所定点医院。一省包一市，19 个省区市帮扶湖北 16 个市州，最短

---

① 习近平在湖北省考察新冠肺炎疫情防控工作 [EB/OL].（2020-03-10）[2022-12-02]. http://jhsjk.people.cn/article/31626154.

时间内实现了医疗资源和物资供应的紧急调配。

14亿中国人民，不分男女老幼，不论岗位分工，都自觉投入抗击疫情的人民战争。社区工作者日夜值守；党员干部带头拼搏；军队公安奋勇争先；科研人员奋力攻关；海关关员严守口岸；快递员、环卫工人、新闻工作者、道路运输从业人员、出租车司机、志愿者等平凡英雄默默奉献。全国人民守望相助、坚韧团结、和衷共济，凝聚起抗击疫情的磅礴力量。

在这场波澜壮阔的抗疫斗争中，习近平总书记提出"坚定信心、同舟共济、科学防治、精准施策"①的总要求，明确"坚决遏制疫情蔓延势头、坚决打赢疫情防控阻击战"②的总目标，因时因势调整防控策略。

在以习近平同志为核心的党中央坚强领导下，中国以坚决果断的勇气和决心，始终把人民生命安全和身体健康放在第一位，采取科学精准的防控策略和措施，经过艰苦卓绝努力，用1个多月的时间初步遏制了疫情蔓延势头，用2个月左右的时间将本土每日新增病例控制在个位数以内，用3个月左右的时间取得了武汉保卫战、湖北保卫战的决定性成果，进而又接连打了几场局部地区聚集性疫情歼灭战，夺取了全国抗疫斗争重大战略成果，写下了人类抗击疫情史上艰苦卓绝、气壮山河的篇章。

――――――――――

① 习近平领导中国战"疫"[EB/OL].（2020-09-07）[2022-12-02]. http://jhsjk.people.cn/article/31852633.

② 习近平. 在统筹推进新冠肺炎疫情防控和经济社会发展工作部署会议上的讲话 [N]. 人民日报，2020-02-24.

2020年9月8日，全国抗击新冠肺炎疫情表彰大会在北京举行。这是一场致敬英雄、表彰先进的大会，也是一场总结经验、启示未来的大会。

在这场举世瞩目的大会上，习近平总书记首次全面阐述伟大抗疫精神。习近平指出："在过去8个多月时间里，我们党团结带领全国各族人民，进行了一场惊心动魄的抗疫大战，经受了一场艰苦卓绝的历史大考，付出巨大努力，取得抗击新冠肺炎疫情斗争重大战略成果，创造了人类同疾病斗争史上又一个英勇壮举！"[①]"在这场同严重疫情的殊死较量中，中国人民和中华民族以敢于斗争、敢于胜利的大无畏气概，铸就了生命至上、举国同心、舍生忘死、尊重科学、命运与共的伟大抗疫精神。"[②]

习近平强调："伟大抗疫精神，同中华民族长期形成的特质禀赋和文化基因一脉相承，是爱国主义、集体主义、社会主义精神的传承和发展，是中国精神的生动诠释，丰富了民族精神和时代精神的内涵。我们要在全社会大力弘扬伟大抗疫精神，使之转化为全面建设社会主义现代化国家、实现中华民族伟大复兴的强大力量。"[③]

---

① 习近平.在全国抗击新冠肺炎疫情表彰大会上的讲话[N].人民日报，2020-09-09.

② 习近平.在全国抗击新冠肺炎疫情表彰大会上的讲话[N].人民日报，2020-09-09.

③ 习近平.在全国抗击新冠肺炎疫情表彰大会上的讲话[N].人民日报，2020-09-09.

2021年3月6日，习近平总书记参加全国政协十三届四次会议的医药卫生界、教育界联组会时又一次指出，要大力弘扬伟大抗疫精神。

＊ 抗疫故事

这是一场没有硝烟的战争，更是一场全国上下的凝心聚力。越是困难时刻，越能见证守望相助的真情；越是紧要关头，越要凝聚同舟共济的力量。

"抗疫斗争伟大实践再次证明，中国共产党所具有的无比坚强的领导力，是风雨来袭时中国人民最可靠的主心骨。"[①] 中国人民所具有的"明知山有虎，偏向虎山行"的英雄气概，是战胜前进道路上一切艰难险阻的力量源泉。人民是历史的创造者，人民是真正的英雄。

钟南山：一生所虑，唯病人而已

2020 年伊始，突如其来的新冠疫情打乱了人们平静的生活，席卷全国。这场疫情传播速度之快、感染范围之广、防控难度之大前所未有。这时，一位耄耋之年的老人挺身而出，他就是钟南山。2020 年 1 月 18 日，84 岁的钟南山院士，出任国家卫健委高级别专家组组长。也是在这一天，2020 年 1 月 18 日，农历十二月

---

① 习近平.在全国抗击新冠肺炎疫情表彰大会上的讲话 [N].人民日报，2020-09-09.

二十四，南方的小年夜，当国人享受团聚与欢乐之时，钟南山院士由于没能买到机票，乘坐高铁连夜前往武汉。人民日报微博这样评价他：84岁的钟南山，有院士的专业，有战士的勇猛，更有国士的担当。一路奔波不知疲倦，满腔责任为国为民，的的确确令人肃然起敬！

钟南山，中国工程院院士、著名呼吸病学专家。2020年8月11日，习近平签署主席令，授予钟南山"共和国勋章"。他在公共领域范围内更广泛地被人熟知，是因为那场抗击SARS（传染性非典型肺炎）的战役。2002年底"非典"病例最早在广州出现，一时间"非典"病毒不可避免地开始从广州往外扩散。混乱和恐惧之中，他的一句话掷地有声："把重症患者都送到我这里来。"这句话马上让广大群众定下心来。面对"非典"的蔓延，他说："这是排雷遇到地雷阵，你不上谁上？"在抗击"非典"最严峻时刻，67岁的钟南山院士连续工作三十几个小时之后病倒了，发烧等症状和当时"非典"的症状极为相似。他把自己隔离在家。几天后，症状消失，他立刻回到医院，继续投入战斗。他的坚持和勇敢，让广东成为世界范围内对"非典"治疗成绩最好的地区之一。从"非典"开始到结束，钟南山院士所在的医院医务人员连续奋战193天，创下全国医院"非典"防治工作的纪录。收治"非典"病例302例，治愈出院率达到93%。所谓医者，妙手仁心。钟南山二者兼具，人们记住了"钟南山"这个名字。

2020年1月18日那个深夜，人们看到钟南山院士出现在去往武汉的高铁上，只见他面容严肃但身形依旧伟岸，不禁要问，到底怎样才能成为这样的英雄人物？

钟南山出生于医学世家，在家庭的熏陶下，他也立志学医，考取了北京医学院。入学后，他如饥似渴地学习，大脑里的医学知识急速增多，可是体重也直线下降。第一个学期结束回家，母亲愣是没认出站在门口的儿子。毕业后，钟南山选择了留校，更是夜以继日地做科研、做实验。虽然体重不再下降，但是 24 岁的钟南山却有了中年男人头发疏松的迹象，很多学生在背后笑称他为"钟老头"。

1971 年，钟南山南下广州，成为广州第四人民医院的急诊科医生。两年后，钟南山被任命为呼吸科主任。

1979 年，钟南山考取了医院仅有的一个公派留学名额，前往英国爱丁堡大学进修。但英国法律不承认中国医生的资格，导师不信任钟南山，把 2 年的留学时间限制为 8 个月。钟南山暗下决心，要为祖国争口气。他拼命工作，取得了 6 项重要成果，完成了 7 篇学术论文，其中有 4 篇分别在英国医学研究学会、麻醉学会和糖尿病学会上发表。他的勤奋和才干，彻底改变了外国同行对中国医生的看法，赢得了他们的尊重和信任。有一次，为了研究"吸烟（一氧化碳）对人体影响"课题，钟南山把自己当成小白鼠来做试验：他猛吸一氧化碳，冒着生命危险让自己血液中一氧化碳含量达到 22%，这相当于一个人连抽 60 多支香烟。最终，他不仅证实了导师的演算公式，还发现了其推导的不完整性。2 年学业完成，爱丁堡大学和导师弗兰里一再盛情挽留。但钟南山决心回国报效，他说："是祖国送我来的，祖国正需要我，我的事业在中国！"

当新冠疫情袭来时，面对未知的病毒，冲锋是义不容辞的选择。钟南山还是那句话："抗击疫情，医生就是战士，我们不冲上去谁冲上去？！"不管抗疫的过程何等艰辛，都挡不住钟南山白衣为甲、无私无畏的步伐。"新冠疫情发生后，他敢怒敢言，提出存在'人传人'现象，强调严格防控，领导撰写新冠肺炎诊疗方案，在疫情防控、重症救治、科研攻关等方面作出杰出贡献。"这是新华网的评论。有网友说："妈妈本来有点恐慌，但在电视里看到钟南山，就跟我爸说'看到钟南山，我心里就踏实了'。我爸说'我也是'。"老百姓不会太多溢美之词，这句"看到你，我心里就踏实"，就是最大的赞美和信任。

2020年11月9日，在全国抗击新冠肺炎疫情先进事迹报告会上，钟南山说："欣逢盛世当不负盛世。我们现在正逢盛世，也将进入更美好的盛世，我们要加倍努力，为建好呼吸疾病和突发性公共卫生事件的防控平台，为进一步战胜新冠肺炎和防控新的突发公共卫生事件贡献我们的力量。"

"钟南山"这三个字将被全国人民牢记于心，他不仅有非凡的业绩、超人的努力，而且对祖国和人民满腔热血、无怨无悔地付出。他的精神必将激励一代又一代人用青春、热血、生命来护佑祖国和人民的安宁。

---- **参考资料**

[1]《全国抗击新冠肺炎疫情先进事迹报告会：人民是真正的英雄》，中国新闻网，https://news.cctv.com/2020/11/10/ARTIJpmiB6mKTSzrvTMAWs

Rh201110.shtml。

〔2〕《钟南山：院士、战士与国士！他的故事值得讲给孩子》，搜狐网，https://www.sohu.com/a/371342253_99902693。

〔3〕《钟南山院士抗击疫情期间的付出，"民族脊梁"当之无愧》，搜狐网，https://www.sohu.com/a/489367444_121080225。

〔4〕《钟南山：抗击非典第一功臣》，新华网，http://news.sina.com.cn/c/sd/2009-09-17/161018672127_4.shtml。

张定宇：疫情阻击手

2020年8月11日，国家主席习近平签署主席令，授予在抗击新冠肺炎疫情斗争中作出杰出贡献的人士国家勋章和国家荣誉称号，张定宇被授予"人民英雄"国家荣誉称号。面对荣誉，张定宇这样说："我从没想过做英雄。是所有人一起做出了牺牲与贡献，而我仅仅是他们中的一分子。"

1963年出生的张定宇现任湖北省卫健委副主任、武汉市金银潭医院院长。时间回到2019年底，一场突如其来的不明原因肺炎疫情在湖北武汉肆虐开来。12月29日，首批患者转入武汉市金银潭医院。这家原本许多老武汉人都未必熟悉的传染病专科医院，一时间成为"离炮火最近的战场"、全民抗疫之战最早打响的地方。

2019年12月27日晚，张定宇接到第一通关于不明原因肺炎患者情况的电话，29日湖北省中西医结合医院出现7名病症相似的发烧患者，张定宇隐隐约约意识到：考验来临了。他马上安排专用负压救护车，叮嘱医务人员做好二级防护，一人一车单独接送每名患者。直到深夜 12 时左右，患者才陆续被接入金银潭医院南 7 楼重症病区。他一边叮嘱医务人员加强防护，一边带领大家率先采集了这 7 名病人的支气管肺泡灌洗液，火速送往中科院武汉病毒所检测。正是这次及时检测，不仅为中国抗疫提供了病原学方向，也为临床救治和疫苗研究争取了时间。

2020 年 1 月 3 日，金银潭医院新开两个病区，转入 50 多名新冠患者。1 月 5 日，患者已达 100 余位。每天，患者数量都在快速增加！在这场与新型冠状病毒的战役中，张定宇坦言，最大的挑战就是病人数量激增与医疗资源不足之间的矛盾。医院门口排着渴望生命的长队，医院内医疗物资告急，几乎每两天就要开辟一层新病区。这个病区要收满了，另一个病区就要准备清理、消毒，工作量非常大，连轴转的医护人员也都累得精疲力竭。"还要继续收病人吗？"张定宇的心里做着激烈的斗争。"多收治一个病人，就是多帮助一个家庭。"他下定决心，"作为一名共产党员、医院院长、一名医生，无论哪个身份，在这危急时刻，都没理由后退半步，必须坚决冲上去！"金银潭医院每天灯火通明，彻夜忙碌，没有一个人退缩。张定宇身后，从一个病区，到一栋楼，到三栋楼；护士从 2 小时交接班一次，延长到四五个小时一次；更恨不得把一个医生掰成两个人用……在各方支援到来之前，张定宇和同事在一线撑了近一个月，除了诊疗，他们还要照顾患者生活起居，清理医疗垃圾。防疫物资紧张的时候，今天用了，明天有没有还不知道。医护人员对生命的责任感，超越了对未知的恐惧。那段时间，张定宇每天都要忙到凌晨。好几个夜晚，凌晨两点刚躺下，四五点又起来继续工作，但他仍觉得时间不够用。

"搞快点！搞快点！"在医院楼道里、病房里，大家常常听到张定宇的大嗓门。可大家发现，虽然他嗓门越来越大，但脚步却越来越迟缓、跛行越来越严重。2020年1月28日，全体病区主任见面会，张定宇终于承认说："是的，我得了渐冻症，前年确诊。我的时间不多了。在这最后的日子里，我必须跑得更快，才能跑赢时间；我必须跑得更快，才能抢回更多患者；我必须跑得更快，才能和大家一起，跑出病毒的魔掌。现在，形势万分危急。我们要用自己的生命，保卫武汉！"说完，他用尽全身力气，站起来，一跛一拐地走向前台，双手抱拳，深鞠一躬："拜托大家了！"泪水模糊了大家的眼睛……他阻挡不了自己的病情，却用尽全力把危重患者拉回来，尽管他的双腿已经开始萎缩，但在医院的走廊看到他匆忙的脚步，就知道他所站立的地方是最坚实的阵地。在这场抗疫之中，他率领金银潭医院600多名医护人员，在援鄂医疗队的帮助下，救治2800余名患者，其中不少为重症、危重症患者。

就在他日夜忙碌在抗疫一线时，同为医务人员的妻子程琳确诊。张定宇得知消息后焦急万分，他很想马上去医院看望妻子，可是他真的抽不开身，直到3天后，晚上11点多，张定宇才赶紧跑到十多公里外的另一家医院探望妻子，此行却只陪了不到半小时。铮铮铁汉因没顾得上妻子的安危，眼泪忍不住往下淌："我很内疚，我也许是个好医生，但不是个好丈夫，我不知道妻子的病情会回归还是会向着恶化的方向发展，我们结婚28年了，我很害怕这次会失去她。"好在经过治疗，他的妻子痊愈出院。

"每个人都在做一些牺牲，牺牲自己小小的自由，牺牲自己小小的利益，来抗击这场疫情。这时候特别能感受到祖国的强大。"这是张定宇对这场疫情阻击战的感悟，"现在回头去看，壮烈但是也很平常，它就是我们的一个工作，它是你应尽的这份职责"。

参考资料

[1]《张定宇：追赶时间的人》，人民网，http://scitech.people.com.cn/n1/2020/1105/c434289-31920491.html。

[2]《张定宇：以"渐冻之躯"铸起战疫铜墙铁壁》，人民网，http://dangjian.people.com.cn/n1/2021/0908/c117092-32221226.html。

[3]《铁人张定宇》，中共中央纪律检查委员会网站，https://www.ccdi.gov.cn/lswh/renwu/202004/t20200401_214570.html。

汪勇：以凡人之力书写摆渡生命的传奇

在2020年春节之前，汪勇只是武汉顺丰速运营业网点的一个快递员，他主要负责无人货架的日常补货。但是谁也没有想到，就是这样一个普普通通的快递员，竟然会成为"感动中国2020年度人物"！他的背后，究竟有着怎样的故事呢？

世上没有从天而降的英雄，只有挺身而出的凡人。汪勇说："在武汉'封城'之前，自己基本上就没怎么关注过关于疫情的新闻报道……只不过是出门戴个口罩而已。"他觉得疫情离自己的生活还十分遥远。"封城"第二天，也就是农历大年三十，汪勇在超市买到了 N95 口罩。当天晚上，汪勇和家人像以往每一个除夕夜一样，一起吃了年夜饭，边看春晚边玩手机，偶然间在朋友圈刷到了朋友转发的求助信息：由于武汉"封城"，全市的公交都停运了，在金银潭医院抗疫的夜班医护人员下班后只能步行回家，最远的甚至要走 4 小时。汪勇一边看着群里的消息，一边进行着激烈的内心斗争。经过一番挣扎，汪勇加入了"金银潭区域医护人员需求群"。进群后的 3 个多小时里，群里的消息基本上是医生护士在发用车需求，但是没有人聊天，也没有人回应。

这些求助消息刺痛了汪勇的心。金银潭医院又名武汉市传染病医院，那里距离汪勇的家只有十几分钟的车程。这时，一条求助消息引起了汪勇的注意，那是一名女护士下午六点钟发布的："求助，我们这里限行了，没有公交和地铁，我走回去的话需要四个小时！帮帮我！"到了凌晨 1 点半，已经过去了 7 个小时，但是仍然没有人回应那个女护士。汪勇鼓起勇气给女护士回复了一句："我来接你！"

他不是没有想过自己出去后的风险，自己不仅有着 3 岁的女儿，还有着已经年迈的父母……如果自己感染了新冠，那么这个家就垮了！但是，汪勇就是觉得自己有必要站出来，为前线的医护人员，也为自己的家乡做一些自己认为对的事情！

为了不让家人担心，他撒了一个善意的谎言：去公司"临时加班"。大年初一早上，汪勇蹑手蹑脚离开家，他转身拍了张家门口的照片。"我这一去，不知道什么时候能回来，也可能回不来了，但我必须全力以赴，只有这样才能对得起被我抛下的家人。""我不是一位好丈夫，也不是个好爸爸，更不是个好儿子，但我要做个好人。"这是汪勇在心中百般斗争之后留给自己的答案。清晨6点钟，汪勇打通了护士的电话，护士简直不敢相信真的会有人来接她。她坐在车上哭了一路，汪勇的腿抖了一路。而这一抖，抖了一天。12个小时，接送了30多人。他唯一的防护设备是一个N95口罩。第一天接送结束后，汪勇联系群管理员，想要防护服、护目镜和酒精。可是，得到的回复是："没有。"他禁不住打起了退堂鼓，因为自己要是出了什么问题，那对于自己的家庭而言，无疑是致命性的打击！可群里的求助消息接连不断，像一根根木刺一样扎在他的心脏上。第二天早上，汪勇7点钟就醒了。是继续接送，还是临阵退缩？他的心中依然十分矛盾。群里的第一单出现时，汪勇没有接，但是到了第二单，他鼓起了勇气打字回复道："我接。"一旦开始接单，汪勇就没有时间纠结了。对于这件事，汪勇这样说道："如果在前线的医生护士都扛不住了，那么疫情将会彻底失控，我帮他们，就是在间接地救人，也为了自己。"

到了第三天，医护人员对车辆的需求不断增加，只有汪勇一个人一辆车，他忙不过来，他开始往其他的群里发送求助信息，招募更多的志愿者伙伴。在挑选伙伴的时候，汪勇十分看重细节。为了节约数量不多的N95口罩，他将那些不能坚持长时间不吸烟的报名者全部排除在外，因为抽一次烟就意味着要消耗为数不多的口罩资源，同时也会增加感染的风险。在不断挑选磨合后，包括自己在内，汪勇组建了一个稳定的7人团队，专门负责接送金银潭的医护人员。

随着支援武汉的医疗队越来越多，医护人员的用车需求越来越大。汪勇希望有更多的力量加入。于是，他主动联系了美团、摩拜等各大共享单车的运营方，希望他们能在医院附近投放共享单车和共享电动车。在汪勇的努力下，没过多久，五颜六色的共享单车和共享电动车便出现在了医院附近!

当汪勇在微信上看到一个护士"我好想吃大米饭啊"的朋友圈后，立马自掏腰包买了30份盒饭，火速送去了医院。随后又和团队克服各种困难，协调各方资源，帮助解决医护人员的吃饭问题。

汪勇和他的志愿者团队提供的后勤服务保障越来越充盈：帮医护人员修手机、换眼镜、剪头发；主动给医护人员送图书、拖鞋、指甲剪；给医护人员送去巧克力、买庆生蛋糕……汪勇渐渐成为医护人员口中的"大管家"。那时候医护人员之间一直流传着一句话："有事在群里喊勇哥。"有护士回忆说："那时候我们收到这些物品后，笑着笑着就流泪了，汪勇就像是黑夜里的一盏灯，虽然无法照亮整条路，但却给了我们逆行的勇气。"对于这些，汪勇只是说道："你们守护病人，我来守护你们。"

成为英雄的汪勇也被顺丰总部连升三级，从一名普通的快递员被提拔为顺丰分公司的经理。国家邮政局也特意为他颁发了"最美快递员"的奖项。《人民日报》称赞他是"生命摆渡人"。他被特批"火线入党",成为一名中共预备党员,被评为"全国抗击新冠肺炎疫情先进个人",获得第 24 届"中国青年五四奖章"。汪勇用"家国情怀"四个字来表达自己所理解的抗疫精神,他说:"我不是英雄,我只是用自己的方式做力所能及的事。"

这是武汉疫情期间身处抗疫一线的快递小哥汪勇的故事,也是疫情期间千千万万个平民英雄的故事。

参考资料

［1］《"生命摆渡人"汪勇:继续做个中国好人》,中国青年报,https://www.360kuai.com/pc/9de73e46b8695799e?cota=3&kuai_so=1&tj_url=so_vip&sign=360_57c3bbd1&refer_scene=so_1。

［2］《"一呼百应"的顺丰小哥汪勇:我们扛过来了!》,搜狐网,https://www.sohu.com/a/375951886_165430。

［3］《汪勇:我不是超人,我还是我》,人民网,http://yn.people.com.cn/n2/2020/0814/c372457-34226789.html。

［4］《汪勇:希望更多人伸出手来》,南方周末,http://www.infzm.com/contents/189730。

火神山医院、雷神山医院:见证"中国力量"

为了打赢武汉保卫战、湖北保卫战,10 天左右时间,从设计到交工,武汉火神山、雷神山医院的建成,堪称"奇迹"。2020

年春节假期，每天全网都有上千万人通过视频直播观看火神山医院现场施工进展，最多的时候超过 6000 万人同时在线，雷神山医院亦然。网友们看到的是，五湖四海汇聚而来的建设者日夜奋战，钢筋铁骨拔地而起，"中国速度"令人惊叹。而这个速度的背后，是来自中国制造的硬核力量，是举国同心的"中国力量"。

武汉疫情暴发初期，不断增加的定点医院床位数量难以跟上疫情蔓延速度。根据 2003 年抗击"非典"时的经验，新建集中收治疫情患者的方舱医院，能够迅速扭转病患救治的被动局面。这一经验迅速成为社会共识。2003 年 4 月，北京建成可容纳 1000 张病床的小汤山医院，2 个月内收治了全国 1/7 的"非典"患者，其间无一名医护人员被感染，创造了人类医学史上的奇迹。

1 月 23 日，武汉市政府决定参照北京小汤山医院模式建设一所专门收治新冠患者的方舱医院——火神山医院。"这是救命工程，早一分钟建成医院，就能早一分钟挽救生命！"中建集团党组书记周乃翔表示。中建三局牵头火神山医院建设。当天晚上 10 时，队伍火速进场，一场和时间赛跑、与死神竞速的战斗打响。"我们进场时，图纸还在争分夺秒的设计之中。"中建三局党委副书记、总经理陈卫国说。

寒风凛冽的知音湖畔很快成了热火朝天的火神山医院的施工现场，轮班作业，24 小时施工。最高峰时，工地上有 7000 多名工人、800 多台挖掘机、推土机等设备同时作业。上一个单位刚完成场地铺沙，下一个单位马上进场铺防渗膜，后面铺设活动板房基脚的单位还在催促。施工、监理人员一齐守在现场，许多难题都是在热火朝天的讨论后现场敲定解决方案的。

时值春节假期，这么多建设工人、建设设备短时间内是如何调集而来的？负责火神山施工的中建三局总承包公司技术部经理叶建介绍：1 月 23 日进场当晚，中建三局迅速调集了武汉市正在加班的 5 个建设项目中的 1400 多名工人，火速展开场地平整工作。与此同时，中建三局还广发"英雄帖"，通过劳务分包公司迅速召集工人。湖北含璋劳务公司总经理付剑平说："1 月 23 日晚接到通知后，24 日一大早就带着一辆大巴直奔恩施，沿路到宜昌、荆门、荆州、仙桃等地接回工人。"同时，又动员武汉周边农村的工人结伴前来。湖北十堰的 30 岁小伙儿徐飞，刚到家 3 天，大年初一接到返岗通知，二话不说驾车 4 个多小时，直奔火神山医院工程现场。他召集工友用 3 天的时间赶制出火神山医院所需要的暖通风管……

面对不断变化的疫情，1 月 25 日下午，武汉市决定在火神山医院之外，半个月之内再建一所"小汤山医院"——武汉雷神山医院，新增床位 1300 张。中建集团独立承建，开启"双线作战"模式。"这几乎是不可能完成的任务！"有专家表示。3.39 万平方米的火神山医院，按照常规建设至少要 2 年，更何况再增加 1 个体量于 2 倍火神山医院、工期却与之相当的雷神山医院。"任务交给我们，必须全力以赴！"中建三局党委书记、董事长陈华元立下"军令状"。

1 月 25 日，中建三局一公司官微发布征召令："不论你是何岗位，如果身体状况良好，无任何疑似症状，能够取得家人理解和支持，希望你能加入武汉的战斗。"一呼百应、八方来援。中国建筑雷神山医院项目医疗隔离区机电施工指挥长廖向东回忆当时情景，到了现场人山人海。仅用了24个小时，雷神山现场已经集结工人3000余名，管理人员近500名，还有源源不断的物资、人员从全国各地向这里汇集。截至2月4日，雷神山现场有1000余名管理人员、8000余名作业人员日夜奋战，1400余台各类大型机械设备及运输车辆川流不息，3000余套箱式板房、3300套机电安装物资运抵施工。

两所医院是应急工程，往往"计划赶不上变化"。雷神山医院3次扩容，面积从5万平方米增加到7.99万平方米，火神山医院前后经历了5次方案变更。面对困难，迎难而上。中建集团党组书记周乃翔强调："举全集团之力，确保迅速建成火神山、雷神山医院。"急难险重，党员带头。工地上，14个临时党支部、14支党员突击队、2688名党员带领3万余名建设者日夜鏖战。在这场没有硝烟的战役中，处处高扬的党旗给了人们最大的鼓舞。

2020年1月27日起，央视频24小时向全世界直播火神山和雷神山的建造情况，直播还不到3天时间，累计访问量就超过2亿人次。"两山"医院的建设，成了那段时间里中国人最牵挂的事。

1月23日10时，连夜基础施工；1月24日除夕，完成场平；1月25日，正式开工……2月2日，火神山医院交付使用。

1月25日16时，项目启动；1月26日，开始场平等工作；1月27日，正式开工……2月6日，雷神山医院开展验收并逐步移交。

武汉不会忘记，历史终将铭记这个英雄的群体——火线上的建设者！他们完成了看似不可能完成的任务，创造了人间奇迹，彰显了举国同心的"中国力量"！

参考资料

[1]《揭秘火神山雷神山医院建设背后的"中国力量"》，人民网，http://yn.people.com.cn/n2/2020/0224/c372455-33822837.html。

[2]《10天建成火神山和雷神山医院 两山速度彰显中国力量》，新浪财经，https://finance.sina.com.cn/china/gncj/2020-04-21/doc-iirczymi7444331.shtml。

[3]《震撼世界的中国抗疫奇迹——火神山、雷神山医院建设》，腾讯新闻，https://new.qq.com/rain/a/20210201A09TSA00。

伟大抗疫精神

中国共产党人的精神谱系

在这场与新冠疫情的阻击战中，14亿人民同舟共济、众志成城筑牢坚固防线。中国从磨难中走来，却从未被磨难打垮。在伟大抗疫精神引领下，中国一定会创造新的时代辉煌，铸就新的历史伟业！

第二篇

话奋斗

"三牛"精神

为民服务孺子牛

创新发展拓荒牛

艰苦奋斗老黄牛

精 神内涵

我们要深刻铭记中国人民和中华民族为实现民族独立、人民解放和国家富强、人民幸福而奋斗的百年艰辛历程，发扬为民服务孺子牛、创新发展拓荒牛、艰苦奋斗老黄牛的精神，永远保持慎终如始、戒骄戒躁的清醒头脑，永远保持不畏艰险、锐意进取的奋斗韧劲，在全面建设社会主义现代化国家新征程上奋勇前进，以优异成绩庆祝中国共产党成立 100 周年。

——2020 年 12 月 31 日，习近平在全国政协新年茶话会上的讲话①

发 展历程

在 2020 年 12 月 31 日举行的全国政协新年茶话会上，习近平发表重要讲话。习近平向大家送上节日的问候和诚挚的祝福，同时寄语"发扬为民服务孺子牛、创新发展拓荒牛、艰苦奋斗老黄牛精神"②。

习近平总书记强调，即将到来的 2021 年，我们将隆重庆祝中国共产党成立 100 周年，制定和实施"十四五"规划，开启全面

① 习近平.在全国政协新年茶话会上的讲话 [N].人民日报，2021-01-01.
② 习近平.在全国政协新年茶话会上的讲话 [N].人民日报，2021-01-01.

建设社会主义现代化国家新征程。我们要深刻铭记中国人民和中华民族为实现民族独立、人民解放和国家富强、人民幸福而奋斗的百年艰辛历程，发扬为民服务孺子牛、创新发展拓荒牛、艰苦奋斗老黄牛的精神，永远保持慎终如始、戒骄戒躁的清醒头脑，永远保持不畏艰险、锐意进取的奋斗韧劲，在全面建设社会主义现代化国家新征程上奋勇前进，以优异成绩庆祝中国共产党成立100周年。

2021年2月10日，农历大年二十九，中共中央、国务院举行春节团拜会。团拜会上，习近平总书记继全国政协新年茶话会之后，再次提出要大力发扬孺子牛、拓荒牛、老黄牛"三牛"精神。习近平总书记强调："在中华文化里，牛是勤劳、奉献、奋进、力量的象征。人们把为民服务、无私奉献比喻为孺子牛，把创新发展、攻坚克难比喻为拓荒牛，把艰苦奋斗、吃苦耐劳比喻为老黄牛。前进道路上，我们要大力发扬孺子牛、拓荒牛、老黄牛精神，以不怕苦、能吃苦的牛劲牛力，不用扬鞭自奋蹄，继续为中华民族伟大复兴辛勤耕耘、勇往直前，在新时代创造新的历史辉煌！"[①]

① 习近平. 在二〇二一年春节团拜会上的讲话 [N]. 人民日报，2021-02-11.

＊ "三牛"故事

俯首甘为孺子牛，锐意创新拓荒牛，吃苦耐劳老黄牛。中国共产党人的"三牛"精神，赋予了"牛"这一文化意象以新时代的内涵，激励全国各族人民勇于知重负重、敢于攻坚克难、永远艰苦奋斗，恪尽职守、勇毅前行，推动党和人民伟大事业再创辉煌！

文雪松：80后的"白发书记"

被称为"白发书记"的文雪松自己都不知道到底是哪一天自己就变成了满头白发，他轻描淡写地说："在村里工作之前（头发）有点白，没现在这么白。"文雪松 2019 年 5 月开始驻村。2020 年 12 月为村里直播带货，因为一头白发火速"出圈"，那年他 37 岁。这两年，在争当为民服务孺子牛、创新克难拓荒牛、吃苦耐劳老黄牛的路上，这位"白发书记"从未停下忙碌的脚步。

文雪松出生于 1983 年，是甘孜州烟草专卖局巴塘县局副局长。2019 年 5 月，他主动申请到汉戈村担任驻村第一书记。

汉戈村位于甘孜理塘县东南部，距离县城 43 公里，平均海拔 3700 米，村里有 109 户人家，村民们的主要收入来源是外出务工，采挖虫草、野生菌和种植青稞。汉戈村在 2017 年全面脱贫，但仍有部分群众收入不稳定。文雪松一来到村里就每天早出晚归挨家挨户拉家常、问民情，短短几个月后已然成了村民的知心人。可是，他自己家却回得少了，甚至几个月不曾回家一趟，因为没有时间。

"驻村工作不需要记星期几，因为根本就没有周末。自去年5月驻村以来，除去春节放假，一年多的时间我只回过4次家，其他时间都在村里。"文雪松驻村以来，吃住和办公都在村委会二楼搭建的简易房间里。他说："女儿过生日时我也是在手机屏幕里给她祝福。"

文雪松琢磨最多的事情，就是怎么能让村民们增加收入，把日子越过越好。"怎么充分利用当地生态和资源发展特色产业？我当时感觉压力很大。但我是共产党员，越是困难时期，越要体现共产党员的价值。我的任务就是带领村集体找到致富产业，确保脱贫户不返贫。"确定去驻村的当天晚上，文雪松就开始上网搜集汉戈村的资料，找上一任村支书了解村里情况。通过几个月的实地调研，根据汉戈村地处川西北高寒地区、主要出产青稞的实际，文雪松最终决定开展青稞深加工。说干就干，他和两个扶贫干部自费购买了一个烤箱，放在村委会的小厨房里，一有时间就在网上找视频"做实验"。"不行，太甜了！""不行，太硬了！""不行，黏度不够！"文雪松笑着回忆当时的情景，"我们就是一群小白鼠，试吃会就开了好几场。"后来，县里领导帮着出主意，村里提供原料、制定标准，请拥有成熟技术的食品加工企业代加工。经过几个月的开发和生产，第一批带有高原特色的青稞系列产品很快面市了，价廉物美，并在电商平台上进行销售。文雪松亲自当起了"产品代言人","第一书记"成了"第一推销员"。他手捧饼干、糌粑，一本正经地推荐产品。网友们发现，这位年轻的第一书记竟然一头白发！"扶贫干部真是太辛苦了！""头发都熬白了！""要保重身体啊！"……"白发书记"很快引来众多网友围观，点赞和关心的留言写满屏幕。有网友购买后反馈："看了白发书记的故事后，这个饼干值得购买。"

之所以自己直播带货，文雪松说："满脑子就一个想法——让更多人知道理塘有个汉戈村，村门口就是藏巴拉花海，还有生态好吃的黑青稞饼干。"在文雪松的卖力吆喝下，"汉戈花村"牌黑青稞饼干一年时间就卖出了近70万元。"白发书记"带来的流量，真的让汉戈村的黑青稞饼干得到了更多人认可。文雪松扶贫事迹也受到全社会广泛关注。

驻村一年多，文雪松的车跑了2.7万公里。暴雨多发时节，文雪松带头巡逻疏通管道；疫情防控期间，他和驻村队员一起担负起抗击疫情的重任……也正是在这样的日日夜夜里，文雪松成了"白发书记"。但是，文雪松说："希望大家不要过多关注我的白发，多关注村里的产品和美景。""我们要卖好特产、做好村级旅游，也要更加坚实有力地巩固脱贫成效。"

文雪松用最美的"白发"，彰显了最值得点赞的"80后"新时代青年的责任担当！

参考资料

[1]《"80后"文雪松：高原上熬出来的"白发书记"》，腾讯网，

https://new.qq.com/rain/a/20210227A01A5K00。

　　[2]《甘孜州"白发书记"文雪松上央视 携特产讲述脱贫故事》，中国新闻网，http://www.sc.chinanews.com.cn/bwbd/2021-03-06/144194.html。

杨善洲："自讨苦吃"的"草鞋书记"

　　杨善洲 1927 年 1 月出生于云南保山施甸。1951 年 5 月参加工作，1952 年 11 月入党，曾任保山地委书记，1988 年退休。退休后，22 年扎根大亮山植树造林，营造出一片 5.6 万亩、价值 3 亿元的林场，在临终前将林场无偿捐赠给国家。杨善洲被评选为"感动中国 2011 年度人物"，被誉为"活着的孔繁森"，荣获"环境保护杰出贡献者"称号，被追授"全国优秀共产党员"称号。2018 年 12 月 18 日，党中央、国务院授予杨善洲"改革先锋"称号，颁授"改革先锋"奖章，称他为不忘初心、奉献一生的退休干部楷模。

　　杨善洲的工作笔记扉页上写着这样一句话："共产党人什么困难也不怕，就怕脱离群众、失掉民心。"杨善洲家里祖祖辈辈都是农民，杨善洲虽然担任地委书记，也一样始终保持着淳朴的农民本色。他一年到头大部分的时间都是在乡下跑，戴着草帽、穿着草鞋，和农民一起锄田、栽秧，走家串户体察农民疾苦。他把与群众一起劳动当作了解基层的重要方式。他说："和农民在一起，了解到的情况最真实。"当地群众都亲切地称杨善洲为"草鞋书记"。

1988 年 4 月，60 岁的杨善洲光荣退休。时任云南省委书记的普朝柱代表省委找他谈话，让他搬到昆明居住，并说还可以到省人大常委会工作一段时间，杨善洲婉言谢绝了："我要回到家乡施甸种树，为家乡百姓造一片绿洲。"一位地委书记，为何退休后选择到异常艰苦的地方去种树？杨善洲这样解释："担任地委领导期间，有乡亲不止一次找上门，让我为家乡办点事情。我是保山地区的书记，哪能光想着自己的家乡，但毕竟心里过意不去呀，是家乡养育了我。于是我就向他们承诺，等退休后，一定帮家乡办点实事。"许下的承诺就要兑现。至于具体做什么，杨善洲把目光锁定在施甸县城东南 44 公里处的大亮山。经过考察，杨善洲认为还是为后代人造林、绿化荒山比较实在，既对全县有利，也对当地群众生产和生活有利。

杨善洲选择大亮山，就是为了改变家乡的生态环境，造福家乡人民。很多年之后，人们都还记得杨善洲初上大亮山时的情景：住在用树杈搭起的窝棚里，脚上穿着草鞋，俨然是一个放牧的老人。没有钱购买农具，杨善洲就带着工人就地取材，就连办公桌、板凳、床铺都是自己动手做的。晚上照明没有电，每人买一盏马灯。后来，得益于省里的资金支持，林场终于盖了一排简易的油毛毡房，杨善洲和工人们在里面一住就是 9 年多。1999 年 11 月，70 多岁的杨善洲在修剪树枝时，一不小心踩着青苔滑倒，左腿粉碎性骨折，但半年后他又执意爬上了大亮山。可是，从此他再也离不开拐杖了。

挂着拐杖站在大亮山上最初种树的地方，杨善洲指着一大片林子说："当时没钱买苗木，怎么办呢，只好去街上捡果核。"林场创办初期，资金极其短缺，捡果核育苗栽种成为杨善洲破解苗木困局的主要途径。每次回到城里，他就到马路上捡别人随意扔掉的果核，然后放到家里用麻袋装好，积少成多后便用马驮到山上。有人开导他："你是地委书记啊，在大街上捡别人吃剩的果核，大家会怎么想？"可是杨善洲不在乎："那是他们的事，不花钱就能弄到种子，我觉得没有什么不好。"如今一个个小小的果核，都已在岁月轮回中演变成一棵棵枝繁叶茂的果树。"正是有老书记带着干，我们才能在那么艰苦的环境中一步步挺了过来。"林场的工人说。

　　杨善洲终生都在坚持为人民服务的宗旨。在扎根大亮山植树造林的22年里，杨善洲接受的唯一报酬是：每月70元的伙食补助，1996年，随着物价上涨，林场将补助标准提高到了100元。不仅不要钱，杨善洲还经常要给林场贴钱。林场在山下办了一个水果基地，招了一些临时工，碰上林场经济困难的时候，杨善洲就把自己的退休金拿出来用于发工资。但是，与他自己的艰苦生活形成鲜明对比的是，在坚守大亮山的22年间，杨善洲为大亮山周边的4个行政村解决了人畜饮水问题，为6个行政村解决了公路交通问题，为8个行政村解决了生产生活用电问题，让大亮山区域内的人民群众过上了脱贫致富的好日子，也让大亮山区域内的80个大山头、180个小山头全部覆盖上了郁郁葱葱的森林，旧貌换新颜。据初步统计，仅大亮山林场中的活立木蓄积量的价值，就超过了3亿元。

　　从1951年参加工作到2010年去世，杨善洲攒下的钱还不足1

万元。2009 年 4 月，他将耗费了几乎他整个退休生活，价值超过 3 亿元的大亮山林场经营管理权无偿移交给国家。他说："这笔财富从一开始就是国家和群众的，我只是代表他们在植树造林。实在干不动了，我只能物归原主。"

2010 年 10 月 10 日，杨善洲静静地走了。家人按照他的遗愿，把他的骨灰分别放在了 3 个地方：大柳水，是杨善洲出生的地方，他说"要陪伴亏欠太多的老伴"；清平洞，是杨善洲最钦佩的爱国将军邓子龙点将的地方；大亮山，是杨善洲最牵挂的热土。为纪念老书记，大亮山林场更名为"善洲林场"。今天，在善洲林场仍然有一批护林员追随着老书记的足迹，年复一年。

"绿了荒山，白了头发，他志在造福百姓；老骥伏枥，意气风发，他心向未来。清廉，自上任时起；奉献，直到最后一天。60 年里的一切作为，就是为了不辜负人民的期望。"这是"感动中国 2011 年度人物"对杨善洲的颁奖词。杨善洲高尚的精神品格深深地刻进了人民的心里，化作推动中华民族伟大复兴的力量，代代传承。

参考资料

[1]《杨善洲简介》，最美奋斗者，http://zmfdz.news.cn/55/index.html。

[2]《严以修身的好干部——杨善洲》，广西壮族自治区人民防空和边海防办公室网站，http://rfbhf.gxzf.gov.cn/ztjj_46964/qlgx_99999/qlby_23456/t12642010.shtml。

[3]《榜样的力量：2011 年"感动中国人物"杨善洲》，搜狐网，https://www.sohu.com/a/349099669_349989。

李保国：太行山里的"新愚公"

35 年如一日，他的脚印遍布太行山的每一个角落，为当地生态建设和科技富民事业奉献了毕生精力：推广了 36 项实用技术，技术推广面积 1826 万亩，140 万亩荒山变为绿洲，培育了 16 个山区开发治理先进典型，打造了系列全国知名品牌，累计带动 10 万名山区农民增收 58.5 亿元。他就是被誉为"太行山新愚公"的李保国。

1958 年，李保国出生于河北武邑县的一个农民家庭，1981 年，作为恢复高考后的第一届大学生，李保国大学毕业后留校任教。当时，学校要在太行山区建立产学研基地。李保国积极响应，来到了太行深处沟壑纵横、缺土少水的邢台前南峪村。当时，前南峪村土层薄、土壤贫瘠，"年年种树不见树，岁岁造林不见林"。为了研究水土治理和果树栽培，他的爱人、儿子和岳母一同陪伴他在当地生活了 13 年。很长一段时间，李保国的日常就是和同样从事林业课题研究的妻子每天凌晨五点就起床，去太行山各个地方观察土质情况，随身带去的是一个需要照看的年幼的儿子，还有充当一天食物的几个馒头，晚上七八点才结束观察，带着孩子回到家里。经过日复一日的不懈努力，李保国最终得出用爆破整地的方法改善土质的方案。前南峪村的土质得到极大改善，树木成活率从 10% 提高到 90%。栽树成功后，李保国又因地制宜指导农民种板栗，前南峪村也由此华丽转身，成为太行山区一处生机盎然的绿色宝地。曾经的荒山秃岭变身为"山顶洋槐戴帽、山中果树缠腰、山底梯田抱脚"的美丽景象。

1996年8月，一场特大洪水把内丘县岗底村仅有的200多亩耕地冲毁殆尽，全村老少生计维艰。李保国暗下决心，要用尽平生所学带领乡亲们搞山区开发，让他们尽快脱贫过上好日子。他总是说："我是农村长大的，过去家里很穷，我见不得老百姓穷。我是国家恢复高考后培养的第一届大学生，学的农林专业，该用学到的知识为农民做点儿什么。"李保国再一次把自己的家搬到了太行山。他带领乡亲们和石头山"较起了劲"。为推动传统的苹果种植技术向现代化转型，他独创了"富岗苹果128生产工序"，手把手教农民套袋、去袋、转果、摘叶……但是刚开始的时候，技术推广并不顺利。很多村民不理解，觉得："套上袋苹果不就烂了吗？""苹果不见光还能长大吗？"面对疑问，李保国自费买了16万个套袋，挨家挨户免费发放，苦口婆心讲解技术，并且承诺说："套袋减了产，赔了算我的，赚了算大家的。"这年秋天，采用新技术培植的苹果又大又红。李保国则不断地在果中择优，选最优秀的果子对其进行再改良，在实验了数百次后，他培育出了富岗1号、富岗2号、富岗3号苹果优良品种，马上得到了市场的认可，甚至出现了供不应求的局面。如今，"富岗苹果"连锁基地已经发展到太行山和燕山11个县369个村，带动7万多名村民走上致富路。

在太行山区农民的眼中，李保国是他们的"科技财神"。而李保国的目标是"把我变成农民，把农民变成'我'"。他举办各类培训班 800 多场次，培训人员 9 万余人次，毫无保留地把科技知识教授给当地农民。仅 700 多人的岗底村，就有 191 人拿到了国家颁发的果树工证书，成为持证下田的职业农民，学科技、用科技的意识在乡亲们心里扎下了根。

在夜以继日、长期超负荷的工作中，李保国积劳成疾，患上了糖尿病和疲劳性冠心病。虽然疾病缠身，但他始终坚守岗位，去世前 4 个月仍在外奔波，连家都顾不上回。2016 年 4 月 10 日，李保国因心脏病突发，永远告别了他一生为之牵挂、为之奋斗的太行山。"太行山新愚公"李保国被追授"全国优秀共产党员""全国脱贫攻坚模范""时代楷模""全国杰出科技人才""全国优秀教师"等称号。

习近平总书记对李保国同志先进事迹作出重要批示："李保国同志 35 年如一日，坚持全心全意为人民服务的宗旨，长期奋战在扶贫攻坚和科技创新第一线，把毕生精力投入山区生态建设和科技富民事业之中，用自己的模范行动彰显了共产党员的优秀品格，事迹感人至深。李保国同志堪称新时期共产党人的楷模，知识分子的优秀代表，太行山上的新愚公。广大党员、干部和教育、科技工作者要学习李保国同志心系群众、扎实苦干、奋发作为、无私奉献的高尚精神，自觉为人民服务、为人民造福，努力做出无愧于时代的业绩。"①

---

① 习近平对李保国同志先进事迹作出重要批示 [EB/OL].（2016-06-12）[2022-12-02]. http://jhsjk.people.cn/article/28428120.

参考资料

[1]《李保国——太行山上新"愚公"》，共产党员网，https://www.12371.cn/2021/11/05/VIDE1636077001244452.shtml。

[2]《李保国：太行山上的新愚公》，新华网，http://www.xinhuanet.com/book/2021-05/10/c_139706945.htm。

[3]《李保国：太行山上的新愚公》，新浪新闻，https://finance.sina.cn/2022-07-22/detail-imizmscv3036665.d.html。

王启民：石油"新铁人"

王启民被誉为"新时期铁人"，从 23 岁初出茅庐，到 85 岁仍在传道授业，62 年的时间，他始终如一地践行着"忠诚一辈子、奋斗一辈子、奉献一辈子"的初心。他是无私奉献的孺子牛，也是开拓创新的拓荒牛，更是吃苦耐劳、坚韧不拔的老黄牛。

1937 年，王启民出生于浙江省德清县，如今已是耄耋老人。初见老人，你可能很难把他和"铁人"两字扯上关系。因为他个头不高，走路还有些佝偻。他先后做过三次大手术，而且因为常年野外作业，风湿等种种疾病早早就找上来，因此身体很孱弱。然而，就是这位老人，高擎大庆油田科技大旗，引领着几代科技工作者披荆斩棘，亲历了新中国石油行业的崛起，更见证了改革开放 40 年国家建设的辉煌。在庆祝改革开放 40 周年大会上，王启民被授予"改革先锋"称号，颁授"改革先锋"奖章。

1961年8月，王启民从北京石油学院石油地质专业一毕业，就听从祖国的召唤，打点行囊奔赴北大荒，参加石油大会战。北大荒冰天雪地，极度酷寒，饮食与南方迥异且供应严重不足，而且连办公场所都没有，这一切都是考验。王启民回忆起当时的情景："那个时候条件艰苦，没有办公室，吃的也不适应。北方的大碴子、高粱米，对南方人来说是个考验……困难就在面前，看你怎么看待。要是能适应，就站住了。不适应，就是打了败仗。"那年春节，王启民在门楣上贴出这样一副对联"莫看毛头小伙子，敢笑天下第一流"，横批是"闯将在此"。

当时，油田正处于极端艰难的创业时期。有外国专家断言：像大庆含蜡这么高的油田，中国人根本没能力开发。王启民内心受到很大的震动，在王进喜"宁肯少活20年，拼命也要拿下大油田"的钢铁誓言的激励下，王启民在工作的时候就学习王进喜的工作方法。王进喜的工作法叫什么？24小时全天候工作法。王启民扎根井队基层，投入紧张的探索中。经过数年的艰苦论证，他大胆质疑，提出大庆是陆相生油的大型砂岩油田，地下呈现着明显的"非均质状态"。正是"非均质"开发理论的提出，终于找到了大庆油田全面崛起的钥匙。王启民在中区西部组织开辟了9平方公里的"分层开采、接替稳产"试验区，一干就是10年。10年，3600多个日夜，王启民吃住在阴冷潮湿的帐篷里，与技术人员、现场工人在野外逐井取样化验。最终成功绘制了油田第一张高含水期地下油水饱和度图，揭示了油田各个含水期的基本规律，并相继发展形成了"六分四清"分层开采调整控制技术和"层系细分开发调整"技术，为大庆油田增加储量近 10 亿吨。1976 年，大庆油田年产原油 5030 万吨，跨入世界特大型油田的行列，开创了中国石油工业发展的新纪元。1985 年，大庆油田实现第一个 10 年稳产目标后，又提出一个更富挑战性的目标：再稳产 10 年，向世界油田开发高水平迈进。

作为新一代铁人，王启民一次次跳进"高科技的泥浆地"里，"宁肯把心血熬干，也要让油田稳产再高产"。他首创内部切割注水，使油田在短期内实现快速上产；研发井网加密接替稳产技术，使原油产量从 5000 万吨上升到 5500 万吨，并保持了 4 年 5600 万吨产量；确立稳油控水结构调整技术，支撑了第二个产量 5000 万吨以上 10 年稳产。1996 年，王启民领衔研发的"稳控油水"系统工程荣获国家科技进步特等奖。

1997 年 7 月 1 日，在庆祝中国共产党成立 76 周年座谈会上，王启民被中共中央组织部授予"全国共产党员最杰出的代表"。

2015 年，78 岁的王启民才离开工作岗位，但他的身心从未离开过油田。王启民深知，科技是油田发展的命脉。创新，更需要一大批能够担当重任的跨世纪科技人才。作为一名石油科技工作者，他有责任和义务为青年知识分子成长当人梯，把知识倾囊相授。他把多年积累的科研资料，包括脑子里的储存，都与大家共享。无论是谁，研究什么课题，借用哪些资料，他都有求必应。年轻人的研究论文，大到研究主题，小到标点符号，他都一丝不苟、一字一句地推敲和修改。他组织科研人员写出了几百篇科研报告和论文，如果不是他主笔的，不是他亲自负责的，都坚决不署名。但是，在"审核"一栏里，他每次都认认真真地签上"王启民"这三个字，为的是承担责任。

如今，耄耋之年的王启民说起油田仍充满激情。他说："能为发展祖国石油事业，为大庆油田鞠躬尽瘁，奋斗不息，是我终生的事业、一生的追求。"王启民不愧是新时代的楷模，民族的脊梁！

参考资料

［1］《"人民楷模"王启民：奉献一辈子 成为大庆"新时期铁人"》，新浪财经，http://finance.sina.com.cn/jjxw/2022-05-03/doc-imcwiwst5372809.shtml?finpagefr=p_115。

［2］《王启民：科技兴油的大庆"新铁人"》，人民网，http://energy.people.com.cn/n1/2019/0403/c71661-31010374.html。

"三牛"精神

中国共产党人的精神谱系

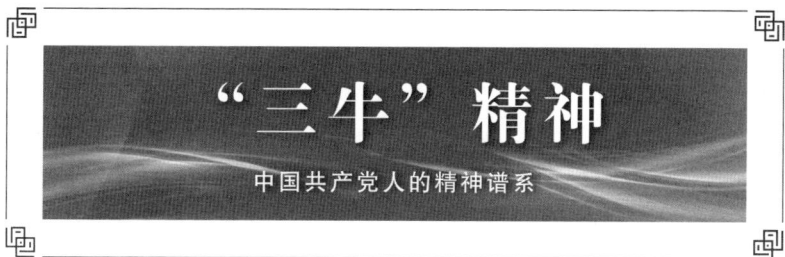

在中华文化里，牛是勤劳、奉献、奋进、力量的象征，寄寓着人们的美好期待。踏平坎坷成大道，斗罢艰险又出发。中国共产党百年奋斗的伟大征程，"给予人者多，取与人者寡"，每一步都闪耀着全心全意为人民服务、无私奉献的孺子牛品质；"敢蹚没走过的路，敢拓没垦过的荒"，每一步都激扬着敢为人先、攻坚克难的拓荒牛豪情；"老牛亦解韶光贵，不待扬鞭自奋蹄"，每一步都挥洒着艰苦奋斗、埋头苦干的老黄牛汗水。

征途漫漫，惟有奋斗。"中华民族伟大复兴，绝不是轻轻松松、敲锣打鼓就能实现的。"① 我们必须咬定青山不放松，跨过一沟再越一壑，以昂扬精神状态焕发新的气象，奋力创造无愧于时代、无愧于人民、无愧于历史的新业绩，更伟大的胜利在前方！

① 习近平：决胜全面建成小康社会 夺取新时代中国特色社会主义伟大胜利 [EB/OL].（2017-10-27）[2022-12-02]. http://jhsjk.people.cn/article/29613458.

科学家精神

胸怀祖国、服务人民的爱国精神

勇攀高峰、敢为人先的创新精神

追求真理、严谨治学的求实精神

淡泊名利、潜心研究的奉献精神

集智攻关、团结协作的协同精神

甘为人梯、奖掖后学的育人精神

精 神内涵

　　科学成就离不开精神支撑。科学家精神是科技工作者在长期科学实践中积累的宝贵精神财富。新中国成立以来，广大科技工作者在祖国大地上树立起一座座科技创新的丰碑，也铸就了独特的精神气质。去年 5 月，党中央专门出台了《关于进一步弘扬科学家精神加强作风和学风建设的意见》，要求大力弘扬胸怀祖国、服务人民的爱国精神，勇攀高峰、敢为人先的创新精神，追求真理、严谨治学的求实精神，淡泊名利、潜心研究的奉献精神，集智攻关、团结协作的协同精神，甘为人梯、奖掖后学的育人精神。

　　——2020 年 9 月 11 日，习近平在科学家座谈会上的讲话①

发 展历程

　　2019 年 5 月，党中央专门出台《关于进一步弘扬科学家精神加强作风和学风建设的意见》，要求大力弘扬"胸怀祖国、服务人民的爱国精神，勇攀高峰、敢为人先的创新精神，追求真理、严谨治学的求实精神，淡泊名利、潜心研究的奉献精神，集智攻关、团结协作的协同精神，甘为人梯、奖掖后学的育人精神"。

　　2020 年 9 月 11 日，在科学家座谈会上，习近平总书记发表重

---

① 习近平．在科学家座谈会上的讲话 [N]．人民日报，2020-09-12.

要讲话，勉励广大科学家和科技工作者大力弘扬科学家精神，肩负起历史责任。习近平总书记指出："新中国成立以来，广大科技工作者在祖国大地上树立起一座座科技创新的丰碑，也铸就了独特的精神气质。"① "我国科技事业取得的历史性成就，是一代又一代矢志报国的科学家前赴后继、接续奋斗的结果。"②

2021年5月28日，在两院院士大会、中国科协第十次全国代表大会上，习近平总书记在讲话中指出："在中华民族伟大复兴的征程上，一代又一代科学家心系祖国和人民，不畏艰难，无私奉献，为科学技术进步、人民生活改善、中华民族发展作出了重大贡献。新时代更需要继承发扬以国家民族命运为己任的爱国主义精神，更需要继续发扬以爱国主义为底色的科学家精神。"③

2021年9月，科学家精神被纳入为第一批中国共产党人精神谱系。

① 习近平.在科学家座谈会上的讲话 [N].人民日报，2020-09-12.
② 习近平.在科学家座谈会上的讲话 [N].人民日报，2020-09-12.
③ 习近平.在中国科学院第二十次院士大会、中国工程院第十五次院士大会、中国科协第十次全国代表大会上的讲话 [N].人民日报，2021-05-29.

* 科学家的故事

科学家精神是中国共产党人精神谱系的重要组成部分。中国共产党百年奋斗历程中，一代又一代科学家们矢志报国、前仆后继、创新求实、忘我奉献，推动我国的科技创新实现一个又一个"从 0 到 1"的重大突破和伟大成就。习近平总书记指出："科学成就离不开精神支撑。"① 科学家精神不断滋养着祖国大地和亿万人民。

南仁东：中国"天眼之父"

他在人生最后的 22 年，只做了一件事情，用生命铸就了世人瞩目的"中国天眼"FAST！他就是 FAST 的倡导者、设计者和建设者，FAST 工程首席科学家和总工程师——南仁东。他燃尽余生，却照亮了无尽的天幕。

"中国天眼"是"国之重器"，使我国的天文学研究领先世界 20 年，为科技创新强国梦增添了浓墨重彩！2016 年 9 月 FAST 落成启用，习近平总书记专门发来贺信并指出，"中国天眼"的落成启用"对我国在科学前沿实现重大原创突破、加快创新驱动发展

---

① 习近平. 在科学家座谈会上的讲话 [N]. 人民日报，2020-09-12.

具有重要意义"①。此后，"中国天眼"作为标志性科技成果，又被写入 2017 年新年贺词、党的十九大报告。

关于"中国天眼"，最初的梦想源自 1993 年，南仁东参加在日本东京召开的无线电科学联盟大会。当时，与会外国科学家提出，要建造新一代射电望远镜以接收更多来自宇宙的讯息，稳固西方国家在天文研究领域的霸主地位。南仁东一听就坐不住了，他心中萌发了建造属于我国的大口径射电望远镜的想法，让我国也能拥有话语权。而当时，我国国内最大的射电望远镜的口径只有 25 米，南仁东要建造的是 500 米口径的射电望远镜，他要让中国在宇宙探索中迎头赶上，从跟跑者成为领跑者！

当时，南仁东在日本国立天文台担任客座教授，享受世界级别的科研条件和薪水，国外一天的薪酬是他国内一年的工资。可是，他说："我得回国。"

"搞自己的大射电望远镜"，这条逐梦之路耗用了南仁东的余生。22 年，从壮年走到暮年，从青丝熬到白发，南仁东终于创造了一个不可能的"奇迹"，他重新标定了中国在世界天文学的地位。

单为 FAST 选址，南仁东就用了 12 年。建设 FAST 的理想台址是在大山深处、远离电磁干扰的山谷洼地，同时又要选出性价比最高的台址，尽可能减少 FAST 工程的造价。南仁东带着 300 多幅卫星遥感图，几乎走遍了贵州大山里所有的洼地。当时从北京

---

① 习近平致信祝贺我国五百米口径球面射电望远镜落成启用 [EB/OL].（2016-09-26）[2022-12-17]. http://jhsjk.people.cn/article/28739235.

到贵州只有绿皮火车，要走将近 50 个小时，南仁东就这样一趟一趟哐当哐当穿梭不停，不知不觉，就是 4000 多个日夜。贵州几十个大大小小的村寨，他去了！一些当地农民走着都费劲的山路，他去了！一些从未有人踏足的荒野，他也去了！"有的大山里没有路，我们走的次数多了，才成了路。""天眼"工程台址与观测基地系统总工程师朱博勤回忆说。长达 12 年的时间里，南仁东带着团队对 1000 多个洼地进行比选，又实地走遍上百个窝凼，终于找到了建设 FAST 的最佳台址——贵州平塘的大窝凼！有一次下窝凼时，瓢泼大雨从天而降，眼看山洪就要冲下来了，南仁东赶紧往嘴里塞了几粒救心丸，连滚带爬地回到垭口，汗水混着雨水，全身都湿透了。他坐下来一看，脚上的鞋竟然裂开了一道五厘米长的口子。可是对这些艰难，他却只是一笑而过。

2011 年 3 月 25 日，FAST 正式开工建设。建造口径 500 米的世界最巨大的射电望远镜，全世界都没有可以参考和借鉴的经验，而且工程涉及天文学、力学、工程学等几乎每个理工学科领域，一切宛如在黑暗中摸索前行。但是南仁东面对巨大的挑战，毫不退缩。虽然南仁东的专业是无线电，可是为了"天眼"的建造，在这前后 22 年的时间里，他又学习了地质、水文、力学、测控等多个专业领域的知识。甚至在工程伊始，要建一个水窖，施工方送来设计图纸，他迅速标出几处错误打了回去。施工方惊讶极了："这个搞天文的科学家怎么还懂土建？"在工地上，很多人都记得南仁东说过的一句话："你以为我是天生什么都懂吗？其实我每天都在学。"学生甘恒谦回忆说："南老师对自己的要求很高，他要吃透工程建设的每个环节。如果再给他一次机会，是选择'天眼'还是选择多活 10 年，他还是会选择'天眼'。"就是凭借着这股精神和毅力，在南仁东的主持和带领下，"中国天眼"的建造才能克服一道又一道的艰难险阻。

2016 年 9 月 25 日 FAST 落成启用。"中国天眼"实现了完全自主的三大创新：利用了地球上独一无二的优良台址——贵州天然喀斯特巨型洼地，突破了平地上建设望远镜的百米极限；使用了主动变形的反射面，让不会动的望远镜动起来，让 FAST 能够灵活主动地观察宇宙；自主研制了轻型索拖动的并联机器人，使接收信号的馈源舱能够精确对焦，更好地接收宇宙中极其微弱的无线电波信号。

中国睁开了"天眼"，而"中国天眼之父"却闭上了双眼，离开了我们。2015 年，天眼工程接近收尾，也到了关键的时刻。也就在这一年，南仁东查出了肺癌，而且还是晚期。奋斗了 20 多年，眼看着成功在望，南仁东决心要亲自见证这份喜悦。他向家人、朋友和同事们隐瞒了病情，70 岁的南仁东依然每天奔波在现场，紧盯着工程的每一处细节，直至现场亲眼见证自己耗费 22 年心血的天眼工程落成。

在接下来的一年时间里，南仁东是在病床上度过的。而这一年，他所牵头建造的天眼，也开启了调试和运行，捷报频传：FAST 实现了各种观测模式的验证，调试进展创造了国际同类设备的世界纪录！FAST 探测到数十个优质脉冲星候选体，9 颗新脉冲星得到国际认证，实现了中国望远镜发现脉冲星"零"的突破！而正是有许多像南仁东这样的科学家，中国才能在短短几十年的时间里，赶上西方国家几百年的技术积累，成就一个国家的骄傲！

2017 年 9 月 15 日南仁东病逝，享年 72 岁。

2018 年，天空中多了一颗"南仁东星"，这是国家天文台为了表彰南仁东的突出贡献，以一颗国际永久编号的小行星命名的。

2019 年 9 月 29 日，南仁东被授予"人民科学家"国家荣誉称号。

截至 2022 年 7 月，"中国天眼"已发现 660 余颗新脉冲星。"中国天眼"不仅是中国的骄傲，更是为全人类探索宇宙打开了一扇更宽广的大门。

参考资料

［1］《南仁东：仰望星空的老人，22 年如一日，让中国科技领先世界》，网易，https://www.163.com/dy/article/GUQJ2ROE054452QT.html。

［2］《南仁东 | 踏过平庸，一生为中国"天眼"燃尽》，腾讯网，https://new.qq.com/rain/a/20220925A06VKE00。

［3］《中国天眼之父：南仁东》，光明网，https://topics.gmw.cn/node_115316.htm。

袁隆平：稻田追梦人

有这样一位老农，种了一辈子稻子，逝世后被全世界所缅怀和敬仰。他就是"共和国勋章"获得者、中国工程院院士、享誉全球的"杂交水稻之父"袁隆平。

1953年8月，作为新中国培养的第一批大学生，袁隆平从西南农学院毕业了。坐完一辆烧木炭的汽车又转马车，一路颠簸，足足走了4天，他来到了偏远的安江农校当老师。也是在那里，袁隆平经历了3年灾荒的困难时期，很多年后仍记忆犹新："像我们这样的年纪，经历过3年困难时期，没有饭吃，日子是真难过啊，要饿死人的！特别是我们国家，人口这么多，人均耕地这么少，粮食安全特别重要。中国人的饭碗要拿到自己手里面，不要靠人家。我们现在就是为自己解决粮食问题，我们在奋斗。"也是在那里，从那时，袁隆平踏上自己的"追梦"之路。

"泡"稻田，寻良种，从此成为他的日常。每天早饭后下田，拿着放大镜，勾腰驼背，一垄垄、一行行、一穗穗，大海捞针般地在成千上万株稻穗中寻找良种，直到太阳西沉，而午餐就是2个馒头。夏天，身子被烈日晒得褪去好几层皮；冬天，腿在冷水中泡着，冰冷刺骨。在检查了几十万株稻穗后，袁隆平终于在1964年和1965年找到了六株雄性不育株。他率先提出利用杂交水稻优势的创新思想。但2年过去了，试验效果不佳，后续的研究陷入了停滞。

袁隆平毫不气馁。"人就像一粒种子。"袁隆平生前常说。从一粒种子的萌芽到开花结果，也曾历经坎坷。1968年冬，他背上行囊，又是一路颠簸，来到海南岛继续追寻他的杂交水稻梦。在三亚南红农场，袁隆平住茅屋、打地铺，早出晚归开展研究工作。

每天傍晚，袁隆平从地里回来，点上煤油灯继续看书。

1970年，袁隆平正在为远源杂交收集野生资源，当时的助手李必湖发现了一株雄性不育野生稻，后被命名为"野败"，杂交水稻研究从此打开了突破口。袁隆平以这棵野生稻雄性不育植株为祖本，于1973年成功培育出了三系杂交水稻。1976年，全国籼型杂交稻种植面积超过200万亩，普遍增产两三成。这个历史性的突破在国际上被称为第二次绿色革命。

历经15年，袁隆平使中国成为世界上第一个生产上成功利用水稻杂种优势的国家。1981年，国家授予全国籼型杂交水稻科研协作组袁隆平等人特等发明奖。

高产更高产是袁隆平追求的永恒主题。泱泱稻田里，他一次又一次创造人类粮食生产的历史高度。从突破700公斤、800公斤、900公斤、1000公斤，直到1152.3公斤，两系法杂交水稻大面积亩产的世界纪录先后诞生。2020年11月2日，由袁隆平团队研发的杂交水稻双季测产突破1500公斤大关，再一次刷新世界纪录。

中国用不到世界7%的耕地，养活了世界近1/5的人口，将饭碗牢牢地端在自己手中。杂交水稻也因此被称为"东方魔稻"。袁隆平曾说："我一直有两个梦，一个是禾下乘凉梦，一个是杂交水稻覆盖全球梦。"如今，"东方魔稻"早已走出国门，在亚洲、非洲、美洲的数十个国家和地区推广种植，年种植面积达800万公顷，为世界解决饥饿和贫困问题作出了巨大贡献。袁隆平也因此屡获国际大奖：1985年获联合国世界知识产权组织颁发的发明和创造金质奖章和荣誉证书；1987年获联合国教科文组织年度科学奖——为中国专家首次获得的最高等级世界性嘉奖；1993 年，获美国菲因斯特"拯救饥饿奖"；1995 年，获联合国粮农组织设立的"粮食安全保障荣誉奖章"，全世界获此殊荣的仅 6 人，袁隆平成为亚洲的唯一获奖者。

2019 年 9 月 29 日，袁隆平获得"共和国勋章"。颁奖时，他和习近平总书记说："超级稻正在向亩产 1200 公斤冲刺。"接受记者采访时，他告诉记者："明天（指 9 月 30 日）又要到田里去，晚上睡前我就想，我的超级稻长得怎么样了？有没有病虫害？气候是不是干旱？我还会算数，有很多谷穗数、谷粒数要算。一亩田有几千万谷粒，算起来不得了。"

2021 年 5 月 22 日，袁隆平在长沙逝世，享年 91 岁。人们送别他、怀念他、铭记他。因为在这人世间，"吃饭的事情最大"，他将自己的一生与土地紧紧相连，献给了这件顶天大的事情！

参考资料

［1］《致哀！致敬！稻田里的"追梦人"》，搜狐网，https://www.sohu.com/a/467940235_162522。

［2］《功勋模范 | 袁隆平团队："禾下乘凉梦"自有后来人》，人民网，http://society.people.com.cn/n1/2022/1016/c1008-32545949.html。

［3］《袁隆平：稻田"守望者"》，央视网，http://news.cctv.com/special/zgmsjz/2017yxl/ylp/。

［4］《稻田老农 泽被苍生——缅怀"杂交水稻之父"袁隆平》，中国日报网，http://cn.chinadaily.com.cn/a/202105/25/WS60ac4c0da3101e7ce9751665.html?ivk_sa=1023197a。

程开甲：中国"核司令"

1964年10月16日，中国第一颗原子弹爆炸试验圆满成功。为了这一声"东方巨响"，无数科学家隐姓埋名，无私奉献。"两弹一星"元勋程开甲，便是其中一员。

1918年8月，程开甲出生于江苏省吴江县。1937年他考取浙江大学物理系公费生，在那里接受了束星北、王淦昌、陈建功和苏步青四位教授的训练。那时的中国正遭受日寇蹂躏，在竺可桢校长的领导下，学校整体西迁，最后抵达贵州湄潭，持续时间1年多、行程2600多公里。泱泱中华之大，却没有一张供学生安心读书的课桌！这让程开甲深深明白"落后是中国挨打的原因"。从那时起，"科学救国"的信念便在他心中生根发芽。

1946年，程开甲获英国文化委员会奖学金，考入爱丁堡大学，师从有"物理学家中的物理学家"之称的玻恩教授。1948年，他成为英国皇家化学工业研究所研究员，并获得爱丁堡大学博士学位。

1949年的一天，程开甲在苏格兰出差，看到电视播出英国"紫石英号"军舰在长江游弋阻扰中国人民解放军渡江作战，遭解放军数十枚炮弹击伤、举起了投降的白旗。那一刻，程开甲腰杆挺得笔直。"我当时真是高兴啊！我就知道，我们有一天能够这样子的！"90多岁时，程开甲说起这事还是激动得哽咽。他说："就是从那一天起，我看到了中华民族的希望。"

新中国一成立，程开甲就决定回国。1950年，程开甲谢绝了玻恩教授的挽留，毅然回国，开启了科学报国的人生之旅。他先在母校浙江大学任教，后调入南京大学。

1960年夏，南京大学校长郭影秋递给程开甲一张纸条，对他说："北京有重要任务需要你去，明天就去报到。"程开甲第二天就赶到了北京，加入到我国核武器研究的队伍。从此他隐姓埋名，为国铸盾，在学术界销声匿迹20多年。1964年中国第一颗原子弹爆炸试验成功，1700多台（套）仪器全部拿到测试数据，其中97%的测试仪器记录数据完整、准确。从这一天起，中华儿女扬眉吐气，世界重新认识了中国。

为了遏制我国原子弹技术的发展，美苏英图谋签订"全面禁止大气层核试验条约"。其实，早在1963年，程开甲便已开始准备地下核试验。1969年9月23日，我国首次地下平洞方式核试验成功；1976年10月14日，首次地下竖井方式核试验成功。这些试验的成功，打破了美苏英的遏制，为我国核试验的发展赢得了主动，对核武器的研制起到了重要作用。

我国首次地下竖井方式核试验前，程开甲坚持要坐吊篮下井。谁也拗不过他，最后只得约定"最多下到100米，多1米都不行"。这次"百米探底"的冒险，为程开甲改进竖井核试验设计方案，提供了难得的直观认识。上来后，他说："看到实际情形，心中就踏实了。"而当核爆炸"零时"一过，他又立即赶到爆心地表勘察现场。地表的强辐射让随身剂量笔尖叫不止，但程开甲仍坚持巡察一周。他说："那也是我的生命，你说我能不去吗？"

从 1963 年第一次踏进罗布泊，到 1985 年，程开甲一直生活在核试验基地。在核试验基地的沙漠试验场，他常常跟大伙一起蹲在野外，冒着风沙吃着带沙粒的饭，还讨论着问题。他把自己人生中最美好的年华都留在了罗布泊。程开甲是中国指挥核试验次数最多的科学家，被称为"核司令"。他参与主持决策了包括我国第一颗原子弹、氢弹、增强型原子弹、两弹结合等在内的 30 多次不同试验方式的核试验任务。他说："我这辈子最大的心愿就是国家强起来，国防强起来。"

程开甲离开新疆的试验基地回到北京后，转入国防科技发展战略研究。2005 年，87 岁的程开甲亲笔写下："科学技术研究，创新探索未知，坚韧不拔耕耘，勇于攀登高峰，无私奉献精神。"2014 年，程开甲获得"国家最高科学技术奖"。2015 年 10 月，97 岁的他才光荣退休。

2018 年 11 月 17 日，程开甲院士在北京逝世，享年 101 岁。

程开甲生前说过："常有人问我对自身价值和人生追求的看法，我说，我的目标是一切为了祖国的需要。'人生的价值在于奉献'是我的信念，正因为这样的信念，我才能将全部精力用于我从事的科研事业上。"这正是他一生所坚持和奉行的，也是他科学人生的真实写照。呕心沥血，一片赤诚，一生奉献，程开甲是当之无愧的时代英雄！

参考资料

[1]《2018 感动中国人物 | 程开甲：两弹一星功勋》，共产党员网，

https://www.12371.cn/2019/02/20/VIDE1550632801387101.shtml。

［2］《程开甲—科技报国的"两弹一星"元勋》，搜狐网，http://news.sohu.com/a/573813217_121024773。

［3］《一生为国铸盾 映照百年风云》，中国科学院网站，https://www.cas.cn/xzfc/202110/t20211018_4809933.shtml。

屠呦呦：青蒿济世 科研报国

呦呦鹿鸣，食野之蒿。《诗经》古老的诗句，仿佛冥冥中已注定屠呦呦与青蒿素的不解之缘。

2015年10月，屠呦呦凭借对疟疾治疗作出的突出贡献，获得诺贝尔生理学或医学奖，成为第一位获诺贝尔科学奖项的中国本土科学家，也让中药在世界舞台绽放耀眼的光芒。

疟疾和癌症、艾滋病一起被世卫组织列为世界三大死亡疾病。而青蒿素的发现，为世界带来了一种全新的抗疟药，以青蒿素为基础的联合疗法在全世界治愈了2亿多名饱受疟疾折磨的患者。

1955年，屠呦呦从北京大学医学院（原名"北京医学院"）药学系毕业，分配在中国中医研究院（后改名"中国中医科学院"）中药研究所工作。1967年，中国启动"523"国家项目。全国60多家科研单位的500多名科研人员参加了这个项目，共同研究防治疟疾的新药。当时，还只是初级研究员的屠呦呦临危受命，担任中药抗疟组组长。抗疟药的研发，就是和疟原虫抢夺生命的速度赛跑。屠呦呦带领科研团队从历代医学典籍、本草和偏方入手，拜访老中医，对能获得的中药信息，逐字逐句抄录。仅仅几个月就汇集了 2000 余种方药，又从中编选出 640 种药物作为抗疟方药集。反复地实验研究，到 1971 年 9 月初，课题组筛选了 100 余种中药的水提物和 200 余个醇提物样品组织鼠疟筛选，一次又一次，无数次实验都没有达到理想的效果。屠呦呦也曾怀疑过，自己是不是走错了路。但她从没想过要放弃。她继续埋头，从《神农本草经》到《圣济总录》再到《温病条辨》……直到有一天，从东晋葛洪的《肘后备急方》里看到了一句话："青蒿一握，以水二升渍，绞取汁，尽服之。"她的目光停到了"绞取汁"三字上。屠呦呦灵光一现："绞汁"，而非传统的"煎服"？难道是跟温度有关系？

屠呦呦决定用沸点只有 34.6℃的乙醚来提取青蒿素。那时的科研环境十分艰苦，实验室设备简陋，连基本的通风设施都没有，任务时间又很紧迫。为加快提纯速度，课题组"土法上马"，用 7 个大水缸取代实验室常规提取容器来提取青蒿乙醚提取物，因为大水缸缸口大，里面的溶剂挥发速度快。但是，这对于科研人员是严峻的考验，由于没有防护装备，接触大量对身体有害的有机溶剂，课题组成员出现了各种不同程度的症状，屠呦呦也得上了中毒性肝炎。但是，这丝毫没有动摇她搞科研的决心。每次病情稍有好转，她就急忙跑回实验室。

实验过程繁复而冗长，课题组夜以继日地研究。1971 年 10 月 4 日，在经历了 190 次的失败，191 号青蒿乙醚中性提取物样品抗疟实验的最后结果出炉——对疟原虫的抑制率达到 100%！

乙醚中性提取物有了，可是进行临床试验时又出现了新的问题，在个别动物的病理切片中，发现了疑似毒副作用。回忆起当时的情景，屠呦呦说："我当时心里很着急，因为疟疾这种传染病有季节性，实在不想错过当年的临床观察季节，否则就要再等上一年。"为了确保青蒿素用于临床的安全性，屠呦呦决定"以身试药"，她向领导提交了志愿试药报告："我是组长，我有责任第一个试药！"那天，屠呦呦告诉丈夫李廷钊"最近工作忙，这段时间就不回家了"。其实，她是和组员郎林福、岳凤仙三人一起住进了东直门医院的病房。他们拿自己当"小白鼠"，服用 191 号青蒿提取物去试验药性。剂量从 0.35 克逐渐递增到 5 克，最终证明药品无明显毒副作用。

对于屠呦呦的选择，丈夫李廷钊事后既心疼又理解："一说到国家需要，她就不会选择别的。她一辈子都是这样。"

1973 年，屠呦呦又合成出"双氢青蒿素"。

1978 年，"523"项目的科研成果鉴定会最终认定青蒿素研制成功。按中药用药习惯，将中药青蒿抗疟成分定名为青蒿素。

1985 年，双氢青蒿素开发研究开始；1992 年，双氢青蒿素从实验室走进制药厂；1999 年，世卫组织将青蒿素列入"基本药品"名单在世界范围推广，青蒿素造福全人类。

因为对青蒿素研究作出了突出贡献，屠呦呦获得 2011 年度美国拉斯克临床医学研究奖，她也是第一位获得此项奖项的中国人。颁奖词中说："屠呦呦的这一发现，缓解了亿万人的疼痛和苦恼，在 100 多个国家拯救了无数人的生命，尤其是儿童的生命。"

继 2015 年获诺贝尔生理学或医学奖后，屠呦呦于 2016 年获国家最高科学技术奖；2018 年获改革先锋称号；2019 年 9 月，被授予"共和国勋章"。

面对接踵而来的荣誉，屠呦呦十分平静，她表示自己的工作还没有做完。她常常问这样三个问题：世界上还有哪些国家没有消除疟疾？我们还能做什么？我们如何利用现代科技做好传承创新，防控新的传染病？她说："我最大的梦想就是用古老的中医药，促进人类健康，让全世界的人们都能分享到它的好处。自己一辈子想的，就是老老实实把科研做好，把课题做好，希望把青蒿素的研究做得更深入，开发出更多药物来，造福更多人，这也是我自己的兴趣所在。"

近年，屠呦呦团队致力于"青蒿素抗药性"研究，经过反复实验，提出了切实可行的合理方案，发表在国际权威期刊《新英格兰医学杂志》上，影响因子达 79.26。此外，屠呦呦团队还发现，双氢青蒿素对治疗红斑狼疮效果独特，已经开展临床试验。

"未来我们要把青蒿素研发做透，把论文变成药，让药治得了病，让青蒿素更好地造福人类。"

屠呦呦还寄希望于年轻的一代："祝愿他们超越我们，为人类创造一个更加美好的明天。"

青青蒿草，拳拳报国，让我们致敬屠呦呦。

-------- 参考资料 --------

［1］《屠呦呦，无私奉献创新药造福人类，为人低调品德高尚享誉全球》，

网易，https://www.163.com/dy/article/H89M7T8V0543OOCY.html。

［2］《屠呦呦：愿青蒿素的故事一直写下去》，人民网，http://finance.

people.com.cn/n1/2022/0704/c1004-32464797.html。

［3］《青青蒿草 拳拳报国——诺贝尔奖获得者屠呦呦》，新华网，

http://www.xinhuanet.com/tech/2021-03/22/c_1127241490.htm。

黄大年：用生命点燃中国地球探测的灯火

2009 年 12 月，国际知名战略科学家、著名地球物理学家黄大年，放弃英国百万高薪和优渥的生活条件，毅然决然响应国家的号召，回到中国。曾经有人问他："为什么这个时候选择回来？"黄大年的答案是："多数人选择落叶归根，但是高端科技人才在果实累累的时候回来更能发挥价值。现在正是国家最需要我们的时候，我们这批人应该带着经验、技术、想法和追求回来。"

"振兴中华，乃我辈之责！"这是 1982 年，黄大年从长春地质学院大学毕业时，题赠友人所书。1993 年初冬，他考取了全国仅有的 30 个公派出国名额中的一个，前往英国利兹大学地球科学系攻读博士学位，是同批留学生中唯一一个来自地学领域的博士生。启程前，黄大年对送别的同学大声说："等着我，我一定会把

国外的先进技术带回来。"

黄大年知道学习机会来之不易，埋头苦学，每分每秒都在吸纳、追赶。1996 年 12 月，黄大年以排名第一的成绩获得利兹大学地球物理学博士学位，成为该系获评优秀学生中唯一的海外学生。博士毕业后，黄大年回到母校。此时，国外同行在航空地球物理方面的研究日新月异，黄大年唯恐落下追赶的脚步。第二年，经单位同意，他又前往英国，继续从事探测深水油气和水下隐伏目标的研究，成为当时该领域的少数中国人之一。多年的努力，黄大年成为世界航空地球物理研究领域的引领者。一晃十几年，黄大年事业有成，收入优渥，有花园洋房，妻子在伦敦经营着 2 间诊所，女儿也上了大学，一家人在英国的生活安逸舒适。

梁园虽好，非久恋之乡。"作为一个中国人，国外的事业再成功，也代表不了祖国的强大。只有在祖国把同样的事做成了，才是最大的满足。"黄大年一直在等待，等待一次召唤。2009 年 4 月，时任吉林大学地球探测科学与技术学院院长的刘财，把国家"千人计划"有关材料试探性地发送给远在英伦的黄大年。听到母校的召唤，海外赤子的一颗心被彻底激活。黄大年第一时间就明确表示，考虑回国。

"伙计，你别走，留在这里，我们会有更多成果。"国际航空物理学家乔纳森·沃特森后来回忆说，"当黄教授离开英国返回中国的时候，我们特别悲伤，对他的为人以及事业上的成就都非常尊重，许多人想让黄教授留下。"但是，黄大年坚定不移，毫不犹豫地在最短的时间里办好了离职，启程回国。

黄大年需要祖国，祖国也需要黄大年。

2009 年 12 月 24 日，黄大年和妻子终于回来，站在了祖国的大地上。6 天后，黄大年与吉林大学正式签下全职教授合同，担任吉林大学地球探测科学与技术学院教授。

2009 年 4 月 22 日，第四十个"世界地球日"到来的时候，我国正式启动"深部探测技术与实验研究专项"，这是我国历史上实施规模最大的地球深部探测计划，是赶超世界科技先进水平的重大战略计划。黄大年刚一回国，就被委以重任，担任第九分项"深部探测关键仪器装备研制与实验"的首席科学家，开启了深地探测关键装备攻关研究。黄大年致力攻关的"航空重力梯度仪"，就像一个"透视眼"，给地球做 CT，能洞穿地下每一个角落。短短 5 年时间，黄大年就打破了西方技术封锁，研究出的技术可以让探测设备不受纬度和高度的变化，精准地探测到地球深处蕴藏的物质，无论是人类所需的稀有矿物质，还是潜藏在深海中的潜艇，即使在海下两千米的地方也是犹如探囊取物。短短 5 年时间，黄大年就直接拉平了我国与欧美国家在地质探测设备技术上 30 多年的差距！黄大年震惊了整个世界，有外国媒体报道称："他的回国，让某国航母演习整个舰队后退 100 海里。"

当然，黄大年对国家做出的贡献还远不止这些。他所主持带领的团队，在巡天探地潜海的星辰大道上，创造了多项世界奇迹。黄大年每日每夜像陀螺一样旋转，像熔岩一样喷涌，惜时不惜命。吉林大学地质宫 507 室，是黄大年的办公室，只要不出差，屋内的灯光每天要亮到凌晨。回国 7 年，他超过 1/3 的时间在出差，为了不浪费宝贵的白天，他总是订夜航，在飞机上入眠。每当大家劝黄大年放下工作休息一段时间，他都婉言拒绝："国家当前迫切需要攻克的项目，一刻也不能等！"

他是一位战略科学家，同时也是目光高远的教育家。"中国正努力从科技大国向科技强国迈进，而这段并不平坦的进程需要几代人去完成。如何培养更优秀的人才，让文化与智慧长久地传承下去，值得每个人思考。"黄大年这段话，体现的正是他致力于培养国家高精尖人才的紧迫感和使命感。回国后的 7 年间，他指导了 18 名博士研究生、26 名硕士研究生。黄大年常常对学生说："一定要出去，出去了一定要回来；一定要出息，出息了一定要报国。"这是衣钵传承。在学生心里，黄大年既是一位严师，又是一位慈父：节假日他邀请学生来自己家做客，因为怕学生想家；谁感冒了，他抽屉里永远预备着感冒冲剂；要出远门，他带着学生的作业在路上批改；住进了重症监护室，仍不忘叮嘱学生修改作业中的错漏……黄大年最想做的，就是带出一批像样的年轻人，在地球物理研究的国际舞台上，站得住脚，有话语权，让中国的脊梁挺起来！

长年累月、夜以继日高强度的工作，让他的身体健康每况愈下。2017 年 1 月 8 日，黄大年在 58 岁的盛年，因胆管癌猝然离世。

"我们要以黄大年同志为榜样，学习他心有大我、至诚报国的爱国情怀，学习他教书育人、敢为人先的敬业精神，学习他淡泊名利、甘于奉献的高尚情操，把爱国之情、报国之志融入祖国改革发展的伟大事业之中、融入人民创造历史的伟大奋斗之中，从自己做起，从本职岗位做起，为实现'两个一百年'奋斗目标、实现中华民族伟大复兴的中国梦贡献智慧和力量。"① 习近平总书记这样赞扬黄大年。2017 年 4 月，教育部追授黄大年"全国优秀教师"称号；2017 年 5 月，中宣部追授黄大年"时代楷模"荣誉称号；2017 年 7 月，中共中央追授黄大年"全国优秀共产党员"称号；2018 年 3 月，黄大年荣膺"感动中国 2017 年度人物"。

黄大年，我们不会停止怀念……

-------- **参考资料**

［1］《黄大年，我们不会停止怀念》《侠者黄大年》《报告文学：大地之子黄大年》，共产党员网，https://news.12371.cn/2017/07/13/ARTI149989 6472906240.shtml。

［2］《心有大我，山一样的巍峨》，人民日报，http://paper.people.com. cn/rmrb/html/2017-07/12/nw.D110000renmrb_20170712_3-01.htm。

———————————
① 习近平对黄大年同志先进事迹作出重要指示 [N]. 人民日报，2017-05-26.

科学家精神

中国共产党人的精神谱系

　　一代又一代科学家心系祖国和人民，不畏艰难，勇攀高峰，无私奉献，为祖国发展和科技进步作出了重大贡献。在新时代中华民族伟大复兴的征程上，广大科技工作者应该敢于面向世界科技前沿、经济主战场、国家重大需求、人民生命健康，大力弘扬科学家精神，为把我国建成科技强国作出新的更大贡献。

企业家精神

增强爱国情怀　勇于创新

诚实守法　承担社会责任

拓展国际视野

精 神内涵

企业家要带领企业战胜当前的困难，走向更辉煌的未来，就要在爱国、创新、诚信、社会责任和国际视野等方面不断提升自己，努力成为新时代构建新发展格局、建设现代化经济体系、推动高质量发展的生力军。

——2020 年 7 月 21 日，习近平在企业家座谈会上的讲话[①]

发 展历程

改革开放以来，一大批有胆识、勇创新的企业家茁壮成长，形成了具有鲜明时代特征、民族特色、世界水准的中国企业家队伍。广大企业家主动为国担当、为国分忧，顺应时代发展，勇于拼搏进取，为积累社会财富、创造就业岗位、促进经济社会发展、增强综合国力作出了重要贡献，在波澜壮阔的历史画卷中书写下企业家精神的华彩篇章。

新时代呼唤与时俱进的企业家精神。

2020 年 7 月 21 日，习近平总书记主持召开企业家座谈会，充分肯定企业家群体所展现出的精神风貌，明确提出了"增强爱国情怀""勇于创新""诚信守法""承担社会责任""拓展国际

① 习近平.在企业家座谈会上的讲话 [N].人民日报，2020-07-22.

视野"等五点希望①，丰富和拓展了企业家精神的时代内涵，为新形势下弘扬企业家精神提供了思想和行动指南。

2020 年 10 月 12—13 日，习近平总书记在广东考察时强调："大家要深刻领会党中央战略意图，在构建新发展格局这个主战场中选准自己的定位，发扬企业家精神，推动企业发展更上一层楼，为国家作出更大贡献。"②

2020 年 11 月 12 日，习近平总书记来到南通博物苑，了解张謇创办实业、发展教育、兴办社会公益事业的情况。习近平总书记强调："改革开放以来，党和国家为民营企业发展和企业家成长创造了良好条件。民营企业家富起来以后，要见贤思齐，增强家国情怀、担当社会责任，发挥先富帮后富的作用，积极参与和兴办社会公益事业。"③

习近平总书记在多个场合强调弘扬企业家精神，鼓舞着广大企业家更加积极进取、奋发有为。截至 2021 年 11 月初，我国市场主体总量已突破 1.5 亿户，其中个体工商户突破 1 亿户。

---

① 习近平．在企业家座谈会上的讲话 [N]．人民日报，2020-07-22.
② 习近平在广东考察时强调 以更大魄力在更高起点上推进改革开放 在全面建设社会主义现代化国家新征程中走在全国前列创造新的辉煌 [EB/OL]．（2020-10-16）[2022-12-17]. http://jhsjk.people.cn/article/31893946.
③ 习近平在江苏考察时强调 贯彻新发展理念构建新发展格局 推动经济社会高质量发展可持续发展 [EB/OL]．（2020-11-14）[2022-12-17]. http://jhsjk.people.cn/article/31931121.

＊ 企业家故事

中国正站在最接近世界舞台中央的历史节点，随着30多年经济快速增长，中国已经成为世界第二大经济体、世界第一大贸易国。中国的经济发展喷薄出无穷活力。其中，企业是经济的基本细胞，企业家是经济活动的重要主体，企业家精神是经济发展的重要源泉！40多年改革开放的历史，为企业家精神提供了广阔的生长平台。新时代新征程的号角已经吹响，广大企业家勇担使命，传承发扬企业家精神，为中国经济巨轮转向高质量发展新航道注入不竭动力，乘风破浪，和祖国一起走向更加辉煌的未来！

李书福：让中国汽车跑遍全世界

"为中国汽车跑遍全世界，而不是全世界的汽车跑遍全中国而顽强拼搏。"李书福的话掷地有声，始终如一。从1997年创办我国第一家民营汽车企业，到吉利集团连续十年位列世界500强，李书福发愤图强的初衷是他心中再朴素不过的爱国情怀。寂寂无名时，他咬紧牙关，坚持相信中国一定会成为世界上最大的汽车市场；功成名就时，他在国际舞台上大显身手，推动中国从汽车大国走向汽车强国。

"农村小伙娶外国公主"——吉利成功收购沃尔沃

吉利的发展史，就是吉利将自身发展融入国家脉搏，与国家同呼吸共命运的发展史，是与我国对外开放政策紧密相连的发展史。无论飞得多高，走得多远，始终不变的是李书福心中的家国情怀。

在国家批准第一批轿车合资企业 26 年之后，2001 年 11 月 9 日原国家经贸委增发了一批汽车新车生产许可证，吉利终于成为中国首家获得轿车生产资质的民营企业。而就在第二天，中国成功加入世界贸易组织。"李书福入局"几乎与"中国入世"同步！

2002 年，李书福在一次内部会议上，兴奋地对员工们宣布："我们要收购世界名牌沃尔沃！"当时很多人以为这只是个玩笑："这颗卫星未免放得太大了吧？"有这样的质疑，其实并不奇怪。因为李书福才刚刚拿到汽车生产许可证没有几个月，而沃尔沃汽车作为瑞典人的骄傲，已经走过了 75 年的历程。沃尔沃汽车成立于 1927 年，20 世纪五六十年代，奔驰、宝马和奥迪公司的发展均落后于沃尔沃汽车。20 世纪 80 年代，沃尔沃汽车仍与奔驰、宝马公司并驾齐驱，并略胜于宝马公司。20 世纪 90 年代末，尽管沃尔沃汽车进入了发展瓶颈期，但在安全性上沃尔沃从来没有被同行超越。这样实力悬殊的收购谈何容易？

2007 年初底特律车展上，吉利借机向福特表达收购意愿，双方就沃尔沃问题展开诸多讨论，李书福一无所获。但是他并未放弃，回国后他专心发展吉利，丰满自己的羽翼，伺机待发。2008 年国际金融危机爆发。2008 年 12 月福特发布出售沃尔沃轿车业务公告，历史终于给了吉利千载难逢的机遇。2010 年 8 月 2 日，吉利与福特在英国伦敦举行沃尔沃轿车公司资产交割仪式，完成对沃尔沃轿车公司 100% 的股权收购。吉利收购沃尔沃汽车，是当时中国汽车企业最大的海外并购，被形象地比喻为"农村小伙娶外国公主"。事非经过不知难。那一刻，李书福流泪了！此后的几年里，吉利又并购了宝腾、路特斯、美国太力飞行汽车……

吉利控股集团一系列的国际战略化布局与我国对外开放政策不谋而合。吉利抓住发展机遇乘势而上，一举成为经济大潮的弄潮儿。

创新驱动发展——吉利再创辉煌

坚持科技创新是吉利汽车参与国际竞争的核心。站在新时代的风口浪尖，面对新一轮的科技革命和产业变革，吉利控股集团紧跟国家新发展理念，成为我国企业的创新标杆。

吉利的创新不是喊口号，而是实实在在的研发投入，更是全体系、全产业链的持续创新的过程。李书福坚信，只有坚持以创新驱动发展，从原来的"以价格优势取胜"向"技术先进、品质可靠、服务满意、全面领先"转型，才能实现向价值链中高端攀升，才能形成全产业链竞争力，才能让中国民营经济再创辉煌。至 2020 年，吉利汽车已拥有 2 万余名设计研发人员，在全球建有 5 大工程研发中心、5 大造型设计中心。围绕着未来汽车转型，吉利控股集团在智能驾驶、电动化、智能座舱、智能网联等领域开展技术研发，近 10 年研发投入近 1000 亿元。吉利控股集团通过创新来提高自身的内在发展动力和核心竞争力，做到了技术、管理、产品系统性的全面输出，成为我国企业的创新标杆。截至 2020 年10 月底，吉利汽车全球累计销量突破 1000 万辆，成为首个实现乘用车产销 1000 万辆的中国品牌车企，推动我国从汽车大国迈向汽车强国。

"让世界感受爱"——突破公益创新模式

李书福是第十一届"中华慈善奖"获奖企业代表。中国商道的精髓就在于义利相济，"奉献社会"是新时代中国企业家精神的底色。20 年来，吉利控股集团积极探索新型慈善体系建设，不断突破公益创新模式，努力践行企业社会责任。

吉利坚持非营利公益办学，汽车工业伴随产教融合同步发展，创办了包括浙江汽车职业技术学院、吉利学院、湖南吉利汽车职业技术学院等在内的 10 所学校，覆盖从职高到研究生的不同层次，每年近万名毕业生走上工作岗位，为社会输出累计超过 18 万名人才。吉利还与中国教育发展基金会合作，投入 5000 万元为品学兼优的贫困学生无偿提供大学期间的学习费用。与贫困地区职业院校开展校企合作，创立超过 100 个"吉利成才班"，充分发挥自身优势解决教育和就业问题。

脱贫攻坚战也有吉利的一份力量。在精准扶贫上，吉利投入了近 7 亿元，惠及 10 个省 20 个地区，其中在浙江省东西部扶贫协作累计投入 1.6 亿元，惠及贫困户 16325 人。

2021 年吉利公益再升级，发起了"蓝星卫士"全球海洋公益行动，将航天科技赋能海洋生态保护。2022 年 6 月，吉利自主研发设计制造的 9 颗卫星顺利进入了轨道。这 9 颗卫星将利用 AI 遥感技术，完成海洋环境监测等工作，助力海洋生态保护，为守护地球生态不断贡献力量。

一个没有社会责任心的企业，无法实现永续经营。李书福在主业优势和时代需要、社会需求之间找到了最佳契合点，始终把社会责任看作是企业发展的强大原动力，不断推动企业高质量发展与社会可持续发展互融互促，不断与中国一起走向全世界，成为不负时代的优秀企业家。

参考资料

［1］《让中国汽车跑遍全球——记吉利控股集团董事长李书福》，人民网，http://auto.people.com.cn/n1/2018/1217/c1005-30469918.html。

［2］《第七届浙江慈善大会在杭州召开 获奖企业代表李书福：做公益要坚持"长期主义"》，央广网，https://zj.cnr.cn/hydt/20220902/t20220902_525997033.shtml。

任正非：华为成为世界领先企业

华为是中华民族企业的龙头，企业家精神和社会责任感在企业有着深刻的体现，推动华为持续快速发展，同时传播中国企业的良好国际形象。

敢于竞争的发展意识

在 1998 年华为出台的《华为基本法》中，"成为世界领先企业"作为华为的发展目标被明确提出。《华为基本法》同时还提出华为必须走"专业化"的路线。从中可以发现，华为创始人任正非有着非凡的竞争意识和发展意识。2018 年，任正非获评"改革开放 40 年百名杰出民营企业家"。

华为创立于 1987 年。创立初期的条件非常艰苦，创办集资资金仅为 2.1 万元，任正非带着 50 多名年轻员工，在深圳宝安县蚝业村工业大厦三楼租来的破旧厂房里开始了充满艰险和未知的创业之路。他们在闷热高温的厂房里，挥汗如雨、夜以继日地作业。吃饭时间，任正非和公司其他领导就在大排档同大家聚餐，由其中职位最高的人自掏腰包请大家吃饭。1993 年末，C&C08 交换机终于研发成功，价格比国外同类产品低 2/3，为华为占领了市场。华为熬过了创业初期的艰苦岁月。

2000 年开始，华为全面实施"海外扩张"战略。当时约 70%的市场份额被欧洲、北美国家的企业所占有，华为仅仅在发展中国家发展。为突破"农村市场"桎梏，华为提出"四个国际化"目标（市场、技术、管理、资本），通过与国际巨头合作，拿下北美订单；斥巨资从 IBM、KPMG、PWC 等机构聘请技术人员帮助公司进行产品研发。华为始终以高昂的竞争意识进行发展，实现了 70% 的收入都来自国际市场，并使之成为华为的竞争优势。

任正非认为："企业不创新就会被消灭，如果不创新，就无法与其他跨国公司竞争，也没生存的权利。"2021 年 11 月，彼得·德鲁克全球论坛在奥地利维也纳（线上）召开。华为轮值董事长郭平发表了题为"通过数字化转型，持续构建组织级竞争力"的主题演讲。据介绍，华为每年会把收入的10%以上投入研发，其中30%的经费又用于研究和创新。2021年，华为研发投入达1427亿元，占全年收入的22.4%。目前，华为研发投入在全球企业中位居第二，近几年在基础研究上的年投资额均超200亿元。可以说任何岗位和环节都有"商业工程师"存在，任何细节都有创新的可能。华为公司的研发与创新能力始终走在世界同行的前端，与国际竞争对手阿尔卡特比较，进行同类项目的研发，华为只需要其1/3左右的时间就能够完成。连续5年，华为PCT专利申请量位居全球第一。2022年6月是我国发放5G商用牌照3周年，国家知识产权局知识产权发展研究中心发布的相关报告显示，当前全球声明的5G标准必要专利族共4.7万项，其中华为公司声明专利族6500余项，占比约14%，居全球首位。

为"中国质量"代言

2016年3月29日，这是一个令所有华为人振奋的日子，华为荣获了国家质量领域的最高荣誉——"中国质量奖"！获奖的一个重要原因是，上一年的市场占有率首次超越通信界的霸主——美国苹果公司，创造了中国企业完胜于中国市场的第一份纪录，此举意味着中国企业的产品研发能力已经取得了历史性的蜕变！

任正非始终都在呼吁"中华有为"，体现在产品质量的追求上就是近乎"零缺陷"。任正非还特意对"零缺陷"作出了明确解释："什么叫零缺陷？其实就是一个人的工作态度，要做到每个人都不给下游倒脏水，把从上游过来的脏水净化好。"华为历史上加强产品质量体系建设的起点始于 2000 年 9 月，任正非组织华为研发人员召开"呆死料"大会。会议上，任正非将"由工作不认真、测试不合格、盲目创新造成的大量废料，以及研发、工程技术人员因此奔赴现场'救火'的往返机票成箱成盒地包装成特殊的奖品，发给相关产品的负责人"。这次特殊的"奖励"，让华为人深刻理解了任正非对产品质量"零缺陷"的严格追求。

也就是在 2016 年 3 月 29 日这个令人振奋的日子，华为人透露了一段不为人知的事情：2015 年的一次运输途中，货车轮胎不慎起火，货柜里的手机遭到了高温烘烤。尽管经过检测，98% 以上的手机并无大碍，但是任正非还是忍痛下令将这批手机产品全部碾轧成碎片，价值高达 2000 多万元！

如今，华为已经成为业界的标杆，但是每年仍以 20% 的改进率促进产品质量的改进和优化，以此培养员工追求极致体验的精神。"将质量进行到底""视质量为企业的自尊和生命"已经成为企业上下一致追求的价值理念。

以客户为核心打造硬实力

"以客户为核心"的理念深植于任正非内心。他说："我们必须以客户的价值观为导向，以客户满意度为标准，公司的一切行为都是以客户的满意程度作为评价依据的。"任正非清楚知道，华为要想和国际巨头竞争，就要不断提升服务质量、更新经营模式，做到全心全意为客户服务，吸引更多的客户，在实现国际化战略的同时提高客户增长量。

早在 20 世纪晚期，已有一些外国企业的优质服务做到令人叹为观止的程度。任正非敏锐地意识到服务的重要性，委托盖洛普咨询公司为其设计了一份严谨全面的客户满意度的相关调查系统。通过这次调查，任正非找到了突破口，他发现客户的不满意主要在于售前服务和售后服务。2002 年末，他又在华为内部制定了一份详细的《华为公司客户满意度研究》。从 2003 年开始，华为改变了销售完毕后就终止合同义务的习惯，开始为客户提供长期的服务。只要客户有需要，华为马上就派人去解决，华为和客户的关系从短期的买卖转变为长期的战略合作关系，华为开始从"销售"走向"营销"。

为确保华为公司服务效率，公司在全球范围内设置地区部和代表处，采取年会、恳谈会、服务热线等方式，积极与客户建立沟通关系，了解客户需求及反馈意见。2018 年，华为公司共组织服务恳谈会 1100 余场，年会 51 场，覆盖全球 250 多个国家和地区，真正体现出对客户的服务责任。

华为公司经过多年的发展，逐渐成为中国企业在世界上的代名词。在中美贸易摩擦中，华为扛起的是中国高科技企业自立自强的大旗，面对强大的美国的围堵，华为或者准确地说是企业家任正非的表现是那样从容淡定，代表着中国参与世界竞争的巅峰所在，向国际传播中国企业良好的形象。

"成为世界领先企业"，华为行！

参考资料

［1］张铭芮、郑立新：《企业家精神和社会责任感对企业的影响研究——以华为的成长为例》，《商场现代化》2020年第8期。

［2］关邺：《任正非是当代企业家精神的践行者》，《中关村》2020年第9期。

［3］王博言：《新时代中国企业家精神的内涵探析》，《中国管理信息化》2021年第24卷第11期。

［4］喻晓：《任正非中国企业家精神特质的案例研究》，博士学位论文，河南财经政法大学，2020年。

［5］《华为5G创新"亮家底"，中国5G标准必要专利数全球居首》，新浪看点，https://k.sina.com.cn/article_1893892941_70e2834d020018rp4.html。

曹德旺：40年坚持只做一块玻璃

随着时代飞速发展，社会不断进步，处在百年未有之大变局中的当代中国，机遇与挑战并存。中国企业家们深刻洞察世界格局变化并作出重大战略判断，他们怀着对国家、对民族的崇高使命感和强烈的社会责任感，把企业发展同国家繁荣、民族兴盛、人民幸福连接在一起，顺应时代发展，勇于创新，为经济社会发展、增强综合国力贡献出自己的一份力量。曹德旺是中国改革开放第一代企业家，也是中国企业家精神的代表人物之一。

曹德旺，2009年获全球企业界的"奥斯卡"——安永全球企

业家奖，这也是该奖项设立以来首位华人企业家获此殊荣；2016
年获全球玻璃行业领袖集体评选的最高荣誉——凤凰奖，评委会
称"曹德旺带领福耀集团改变了世界汽车玻璃行业的格局"；2018
年入选"改革开放 40 年百名杰出民营企业家"。从 20 世纪 80 年
代承包濒临破产的乡镇企业，到如今掌舵全球最大的汽车玻璃专
业供应商，曹德旺每一步都以国家需要为己任，与时代发展同频
共振，并于商海之中拒绝诱惑，坚守制造业四十余年，稳健经营、
不断创新，为世界输出了一个来自中国的全球品牌。

　　改革开放初期，中央发布"一号文件"允许个体承包经营乡
镇企业，曹德旺认为可以借助这个有利的契机来身试改革，一举
承包了濒临倒闭的玻璃厂，并大胆推行当时没有企业敢试的绩效
工资制度，招聘大量员工来扩大生产规模，当年企业就顺利实现
了扭亏为盈，也为当地人提供了大量的就业岗位，积累了一定的
社会财富。

　　曹德旺有着敏锐的市场意识和高度的家国情怀，洞察到当时
中国汽车玻璃几乎全部从国外进口，被国外所垄断，价格昂贵且
一片难求，严重限制了中国汽车工业的发展以及人民生活水平的
提高。在此之后，曹德旺对玻璃厂进行改造，成立了一家小型的
合资企业，专门用于生产汽车的安全玻璃，并于 1993 年顺利上市，
是国内同行业中的首家上市公司。之后，福耀集团不断拓展国际
视野，大力与国外企业进行合作，将发展的触角向海外延伸，统
筹利用国际国内两个市场、两种资源。资料显示，目前福耀占全
球 25% 的市场份额，是全球最大的汽车玻璃专业供应商，旗下子

公司52家，全球雇员超过2.5万人，产品被宾利、劳斯莱斯、奔驰、宝马、奥迪、大众、通用、福特、克莱斯勒、丰田、本田等全球知名汽车品牌选用。

随着改革开放的不断深入，挑战也随之增加。2001年中国玻璃企业在国际上遭遇反倾销调查，并于次年加征11.8%的反倾销税，对国内玻璃产业造成了实质损害和威胁。曹德旺认为做企业首先要忠于现实、事实，不能弄虚作假。面对非正当竞争手段，曹德旺拿起法律武器来追求商业公平，展开了一场声势浩大的反击。为打赢这场仗，曹德旺不惜斥重金聘请专业律师，并成立了反倾销应诉办公室，一边向法庭上诉，一边要求美国商务部进行年度行政复审。曹德旺带领福耀在4年时间里最终打赢了这场反倾销战，成为首家状告美国商务部并取得成功的企业，这是中国加入世贸组织以来第一个胜诉的案例，更为中国企业在国际上积极争取了合理合法、公平公正的商业环境，此举载入世界商业史册。

福耀始终将自主创新作为企业的核心，认为只有将核心技术牢牢掌握在自己手中，才能真正摆脱他国的控制，成为独立自主的企业。随着国家"走出去"战略的实施及国际市场的需要，福耀依靠自己的独特技术在国外建设了一批产销基地，大幅度降低了运输的成本和压力，为企业的发展提供了可跳跃的平台。近年来，曹德旺带领福耀积极探索和实践"中国制造2025"，企业以智识引领发展，以创新驱动，建成了比较完善的产业生态，主要集中在砂矿资源、工艺设备研发制造、多功能集成玻璃、全球布局的供应链网络等方面；在提升核心产业竞争力方面，依靠科技创新、科学管理的手段，着力培育核心技术，经过员工与团队的紧密配合，使信息技术与生产自动化方面位居全球同行业前列，并先后荣获"国家智能制造示范企业""国家级企业技术中心"等各类创新荣誉，在国际市场中拥有发言权，同时传播了中国企业的良好国际形象。

曹德旺还是社会公认的"中国首善"。社会是企业家施展才华的舞台。切实履行社会责任的企业家，才能真正得到社会认可。曹德旺在发展企业的同时，代表企业积极履行社会责任，兼济天下，表现出一个大型企业的社会责任担当。自企业资金周转状况良好开始，曹德旺就不间断向社会捐赠。截至 2019 年，曹德旺个人累计捐赠近 120 亿元，范围涉及救灾、扶贫、助困、教育、文化等各方面。他还与善款发放机构签订"捐款问责"协议，保障善款精准到位，此举为中国慈善事业发展开创了全新模式。2011 年曹德旺捐出名下 3 亿股福耀玻璃股票，发起成立河仁慈善基金会，开创了中国基金会资金注入方式、造血方式、运作模式和管理规则等多个"第一"。近几年，曹德旺将长远目光放在了帮扶贫困偏远农村的脱贫攻坚战上。他说："慈善不是捐钱，而是做人，最终的目的是构建一种和谐稳定的环境，让人真正地发展。""慈善是社会的第三种分配方式，其终极目的是推动社会和谐发展。"他看到了湖北省革命老区红安县程河村人民生活条件艰苦，就去做实地调查。他认为对症下药，方能真正拔除"病根子"。凭借敏锐的洞察力，曹德旺关注到当地红色资源，认为可以凭借红色旅游资源，因地制宜，带动整村推进产业结构调整，更大程度解决当地人的就业困难，引导老百姓脱贫致富，既巩固脱贫攻坚成果，又同乡村振兴有效衔接，推动中国共同富裕的目标前进一步。

曹德旺自己总结了三条企业家责任："国家因为有你而强大，社会因为有你而进步，人民因为有你而富足。"他的爱国情怀、敢闯敢干、勇于承担责任的品质，处处彰显中国企业家精神，无愧于企业家的称号！

参考资料

［1］《曹德旺简介》，最美奋斗者，http://zmfdz.news.cn/101/index.html。

［2］《曹德旺：40年只做一块玻璃》，新浪财经，https://finance.sina.com.cn/roll/2018-12-29/doc-ihqfskcn2229836.shtml。

王天翔：百炼钢做成了绕指柔

2020年5月12日，习近平总书记来到山西太钢不锈钢精密带钢有限公司考察调研，称赞"手撕钢"："工艺确实好，就像锡纸一样薄，百炼钢做成了绕指柔。"① 他希望企业在科技创新上再接再厉、勇攀高峰，在支撑先进制造业发展方面迈出新的更大步伐。在习近平总书记的嘱托激励下，8月16日上午，精带公司再次突

110　① 蹚出新路子 书写新篇章——习近平总书记山西考察纪实 [EB/OL].
（2020-05-14）[2022-12-18]. http://jhsjk.people.cn/article/31708081.

破了极限尺寸，成功轧出了厚度为 0.015 毫米、实际宽度为 600 毫米的不锈钢精密箔材。

"我们按照习近平总书记的要求不断追求卓越，不断勇攀高峰，把看似不可能的事情变成可能。"精带公司经理王天翔自豪地说。作为"手撕钢"项目的带头人，王天翔带领团队反复攻关、不懈努力。2016 年开始，历时 2 年，于 2018 年一举突破日本、美国、德国等几个少数发达国家"卡脖子"的困境，"手撕钢"实现量产。2020 年，在习近平总书记的殷切嘱托激励下，精带公司成功轧出了厚度从 0.02 毫米再到 0.015 毫米的不锈钢精密箔材，一举成为全球唯一可批量生产宽幅超薄不锈钢精密箔材的企业。

从业 33 年的王天翔，在担任太钢精带公司经理之前，已在集团的设备管理、生产维修、热连轧厂等多个部门和岗位摸爬滚打了 27 年，担任过热连轧厂厂长、集团装备部长等关键职务，积累了丰富的生产运营和设备管理经验。

王天翔至今记得，2016 年 2 月，太钢集团主要领导找他谈话的那一幕。领导语气沉重，但非常恳切："精带公司从体量上说是'小厂'，但担负着攻克'卡脖子'技术的国家使命。集团下定决心，不能让它继续亏损下去了，再没有突破性进展，没法向国家、社会和全体干部职工交代。你要把担子挑起来，彻底改变现有局面。"集团领导给王天翔压了一副重担子，也是一个"苦差事"。

王天翔接到的任务是当年盈利 1 元。盈利指标越低，意味着扭亏难度越大。在此之前，由于只能生产普通厚板等"大路货"，太钢精带公司已连续亏损 7 年。精带员工的收入也仅为其他厂的

2/3，一些职工甚至都不愿意说自己是太钢精带的，感觉抬不起头来，个别员工外出时甚至会把工作服上的单位名称遮挡起来。

2016 年 2 月 25 日，王天翔走马上任，走进熟悉的精带厂房，迎接他的是 200 多名职工充满期盼的目光。王天翔立即带领研发团队，了解市场需求，思考如何实现换道超车。"研发高精尖不锈钢产品，占领市场制高点，才能突出重围！"王天翔很快找到了突围方向。

他认准的目标就是宽幅超薄不锈精密带钢，这是钢铁材料的明珠，代表着不锈钢和钢铁工业的重要方向。当时，全国的精密带钢市场年消费量 50 万吨以上，而超薄带钢因为工艺控制难度大、产品质量要求高，只有日本、美国、德国等少数几个国家才能生产，我国完全依赖进口。厚度为 0.03 ～ 0.05 毫米的用于电子精密制造的超薄精带，外方对我国高价限售，一张 A4 纸大小的"手撕钢"就要数百元，进口一吨"手撕钢"需要上百万元，而且至少需要半年的漫长交货期；厚度为 0.02 ～ 0.03 毫米的，用于航天航空和核电、军工领域的箔材，外方对我国严格禁售；宽幅大于 400 毫米，可用于核电、军工、高端电子和新能源的超薄精带，国际上也是空白。而在国家重大战略和重点新兴领域，则急需宽幅超薄不锈精密带钢。

对王天翔和研发团队的成员来说，"手撕钢"研发远比预计的要困难。王天翔介绍，生产"手撕钢"最核心的技术是轧制和退火。轧制就是一卷厚 0.8 毫米、宽 600 毫米、长度超千米的原始钢带被轧辊轧薄，像擀面一样，把厚厚的一团面擀成薄薄的面饼。轧制工作看似简单，实则工艺难度很大。就像擀面只需要一根擀面杖，但把普通钢材"擀"薄却需要 20 根轧辊。在轧制过程中，要求钢带整体厚度波动为 1～2 微米。他说："0.8 毫米厚度的普通钢材，每往薄轧一次，轧辊就要重新配比一次，其中的排列组合有上万种，加上锥度、凸度等变量因素，需要从上万种辊系的配比中不断摸索。"退火就是使钢带变软，有良好的塑性。轧制一次、退火一次，为一个轧程，一个轧程要 3～4 天。而每一次试验，要经过 5～6 个轧程。王天翔回忆了 2017 年 9 月某一天发生在退火线的一件事情。那天，大家已经连续在退火线工作了六七个小时，但钢带还是不断发生抽带，挤擦到一起了，一直找不到处理方案。大家束手无策，特别气馁。因为坚持快 2 年时间了，看不见任何希望，大家都没有信心了，想放弃了。但后来大家坐在一起开了一个统一思想的会议，王天翔鼓励大家，晓之以理、动之以情："不试怎么会成功？我们不能光看到失败，要看到我们干这个事情的意义，希望大家重新再做一次试验。"后来，通过不断试验，大家发挥创新智慧，设计了一个特殊的轧辊，给钢带施加一个稳定的张力，终于成功了！

这样的例子数不胜数，2 年的研发过程中，平均 2 天就要面对一次试验失败，这对于王天翔和团队每一位成员来说，无疑承受着巨大的压力。

2018 年 3 月，王天翔带领他的研发团队在攻克 175 个设备难题、452 个工艺难题之后，终于从 4 万多种轧辊的排列组合中找出了一种能轧出"手撕钢"的方法，成功批量生产出厚度 0.02 毫米、

113

宽度 600 毫米的不锈钢精密箔材，而国外的同类产品宽度均在 450 毫米以内。中国宝武太钢集团成为全球唯一可批量生产宽幅超薄不锈钢精密带钢的企业。

"'手撕钢'研发出来以后，国外同类型的产品价格就降了一半。由于我们的产品有价格和质量优势，很快就出口到美国、日本、韩国等国家。"王天翔非常高兴，他的喜悦不仅来自产品研发的成功，更有产业报国的自豪。

王天翔是"60 后"，1989 年大学毕业，他选择了太钢集团。王天翔这样阐释自己的职业理想："产业报国的初心，于我而言是进入太钢后逐步树立起来的。刚进厂时，我分在钳工班，最初的出发点就是'怎么把设备的故障率降下来？'后来岗位不断调动，先后在机械动力处、装备部、热连轧厂工作，所以思考的问题也不断变化，开始考虑'怎么让咱们产品的质量更高？怎么让咱们的产品能满足客户需求，从而在市场上有竞争力？'现在，整天在琢磨'怎么突破那些卡脖子技术？'当你逐步将自己的追求、自己的喜怒哀乐同企业的成败，甚至同行业的兴衰，乃至整个国家的发展融合在一起的时候，这个产业报国的初心就自然而然建立起来了。"

2020 年 5 月，习近平总书记在精带考察调研时同职工代表亲切交流："希望你们再接再厉，在高端制造业科技创新上不断勇攀高峰，在支撑先进制造业方面迈出新的更大步伐。"①在习近平总书记的嘱咐激励下，王天翔带领攻关团队加大了研发力度，在厚度 0.02 毫米的基础上，向着厚度 0.015 毫米"冲锋"。原想着应该比当初攻关时难度会降低一点，谁料问题还是一个接一个。由于 0.015 毫米的厚度超出设备的设计极限，轧辊已经"感觉"不到不锈钢精密箔材的存在，在"擀"的过程中不断打滑。怎么办？唯有大胆创新和实践。团队不断改进方法，对轧辊进行了特殊的处理，用激光把它毛化了，增加了粗糙度。同时，减少了轧辊的直径。这样，就可以继续"擀"了！但是，老问题解决了，新问题又来了。由于 0.015 毫米太薄了，已经测量不出厚度了。怎么办？还是创新和实践。试验—失败—改革—试验，无数次调整方案，最终把设备的精度调整到超过它的极限，再通过数学模拟计算成功解决了测量的问题。8 月 16 日 11 点 15 分，用时 3 小时，宽 600 毫米、厚 0.015 毫米的不锈钢精密箔材轧制成功。短短 3 个月时间，0.015 毫米厚"手撕钢"面世，这也是目前世界上最宽最薄的不锈钢精密箔材。王天翔和他的攻关团队堪称了不起的"钢铁侠"！但，前进的脚步没有停歇，王天翔说："我们还要继续加大投入力度，紧盯高精尖的不锈钢产品的研发，占领市场制高点，为中国制造提供强有力的基础材料保障。"

如今，精带公司自主设计集成的全球首条宽幅超薄不锈精密

---

① 张晓松，朱基钗.蹚出新路子 书写新篇章——习近平总书记山西考察纪实 [N]. 人民日报，2020-05-14(1).

带钢全流程、智能化生产线，已经达到了硬态产品硬度世界最高、软态产品综合性能世界最优、特殊功能性产品世界首创的水准，获得授权发明专利80件，制定行业标准1项，实现专有技术227项，产学研合作各方发表论文74篇，"宽幅超薄精密不锈带钢工艺技术及系列产品开发"获得了2019年冶金科学技术奖特等奖。2020年底，该项目还获得了有"中国工业奥斯卡"之称的"中国工业大奖"。

站在新起点上，王天翔和团队们决心在不锈钢这个钢铁皇冠上摘取更多创新明珠。

参考资料

［1］《山西太钢集团教授级工程师王天翔：百炼钢变"绕指柔"》，新浪财经，https://finance.sina.com.cn/chanjing/cyxw/2021-12-09/doc-ikyamrmy7767167.shtml。

［2］《山西综改示范区劳动模范王天翔：三个月时间让0.015毫米厚"手撕钢"面世》，中国政务网，http://zw.china.com.cn/2021-01/12/content_77108234.html。

［3］《王天翔："擀"出0.015毫米的手撕钢》，新浪财经，https://finance.sina.com.cn/jjxw/2022-01-25/doc-ikyakumy2417388.shtml?cref=cj。

［4］《王天翔和他的团队：了不起的"钢铁侠"》，文汇客户端，https://wenhui.whb.cn/third/baidu/202104/11/399618.html。

孙永才：复兴号机车之父

"改革先锋""第十三届中国上市公司'金圆桌奖'最具领导力 CEO"是孙永才的荣誉名片，而他为我国打造的新时代"国家金名片"是"复兴号"高速列车。

1964 年，孙永才出生在吉林省的一个农村家庭。小时候关于火车的印象，他说："看《铁道游击队》时就想，我以后也要去造火车。"最朴素的初心自此在孙永才心中生根发芽。1983 年高考，孙永才毫不犹豫地报考了当时的铁道部大连铁道学院。上了大学，孙永才才见到真正的火车，并多次乘火车往返于长春和大连，600 多公里的车程，绿皮车要"晃"14 个小时才能走完，"当时就想，我们的火车什么时候才能快起来啊！"

1987 年大学毕业，孙永才被分配到大连机车车辆厂负责技术工作。当时正值我国内燃机车转型升级攻坚时期，大连机车车辆厂又素有"机车摇篮"之称。刚进厂不久的孙永才就全身心投入了柴油机机体等产品的工艺技术研究中，倾注了极大的热情与精力做研究，很快就脱颖而出，成为众多同龄人中的佼佼者。这也为他此后担纲多项技术攻关打下了坚实的基础。

2004 年初，国家通过《中长期铁路网规划》，原铁道部从国内多家主机厂家中选出优秀企业，进行技贸结合和技术引进，快速启动了波澜壮阔的铁路建设热潮。由大连机车车辆厂转制成的大连机车车辆有限公司，由于技术储备丰富而成为重点扶持单位。

此时的孙永才已经是公司主管副总经理。

2008 年，国家实施《中国高速列车自主创新联合行动计划》，中国高铁进入全面自主创新的黄金时代。正是在这一年，孙永才调入中国北车集团总部任总工程师。他把大部分精力都用在了动车组的研发、运用、售后服务工作中。每一个动车组在研制过程中有什么问题他都一清二楚，所有问题也都是他带领着团队一起去研究解决。"关键核心技术是买不来、讨不来、要不来的，只有持续不断地创新，才能掌握主动权，立于不败之地。"这是孙永才坚定不移的信念。

按照"引进先进技术、联合设计生产、打造中国品牌"的总要求，中车对国外高铁技术平台进行了"引进消化吸收再创新"。其中攻坚克难的关键阶段是 CRH380 系列的技术突破。孙永才统配资源，率领团队投入项目攻关，攻克了动车组 9 大关键技术和 10 项配套技术，成功搭建时速 200 ～ 250 公里、时速 300 公里、时速 350 公里 3 个速度等级系列 25 个品种的动车组产品设计和制造平台。随后的几年间，他主持的具有"中国基因"的大功率交流内燃机车、大功率交流电力机车两大技术平台先后落成。2010 年 11 月，他主持的"六轴 7200kW 大功率交流传动电力机车的研发及应用"重点项目获国家科学技术进步奖一等奖。

2014 年，中车首次以中国标准为主导，按照正向设计思路，开启了时速 350 公里中国标准动车组的研发工作。孙永才再次参与到"复兴号"研发之中，并担任"复兴号"高速列车研制的主持者。历经 503 项仿真计算、5278 项地面试验、2362 项线路试验，历时 3 年多，"复兴号"成功问世。经专利审查，中国标准动车组具有完全自主知识产权。这也标志着"复兴号"创建了中国标准的技术体系，构建了具有完全自主知识产权的供应链体系，形成了国际竞争的核心竞争力。

2017 年 9 月 21 日，"复兴号"动车组在京沪高铁以时速 350 公里运营，我国成为世界上高铁商业运营速度最快的国家。中国高铁迈入了世界新时代领先阶段。

唯改革者进，唯创新者强。在"复兴号"研制的过程中，北车与南车的重组也在紧锣密鼓地进行。孙永才作为公司领导深度参与了南北车重组工作，开创了国内两家同为"A+H"上市公司重组的先河，为央企重组和改革发展探索出了一个全新的模式。2015 年 9 月 28 日，中国中车集团公司正式成立，并确立了发展定位："以轨道交通装备为核心，跨国经营、全球领先的一流企业集团"。从此，承载着中国轨道交通装备走向世界梦想的"巨型航母"正式扬帆起航。

2018 年 11 月 5 日，两列被称为"飞龙"和"金凤"的复兴号动车组精彩亮相首届中国国际进口博览会。孙永才看着"复兴号"动车组就像看着自己孩子。面对媒体记者的采访，他兴奋地说："我们将立足于全球范围，打造技术链、产业链、企业链、资本链和价值链的共同体。"

如今，中车产品已经服务全球六大洲 104 个国家和地区，基本覆盖"一带一路"沿线国家和地区，在全球 26 个国家和地区设立 83 家境外子公司和 15 家境外研发中心，83% 拥有铁路的国家都运行着中车的产品。

孙永才在一次接受媒体采访时说："中车的能力就是整合聚集资源的能力和集中力量办大事的能力。"这是一句简单的话语，但充分体现了孙永才全力打造协同开放的技术创新体系的理念和思想。早在 2008 年，在推进 CRH380 动车组的研制过程中，孙永才就开创性地提出"协同创新"的顶层设计理念，搭建起"两厂三地"协同创新模式，25 所重点高校、11 所一流科研院所、51 家国家级实验室和工程中心，上万工程技术人员组成了国家级研发团队，集中力量攻克核心技术难关。目前中国中车已经拥有 13 个国家级研发机构、21 个国家认定的企业技术中心和 15 个海外研发中心。强大的创新推动了产品的研发与企业经营业绩的提升，近 3 年来中国中车新产品的贡献率维持在 60% 以上。

在 2021 年 4 月 12 日至 13 日召开的全国职业教育大会上，已经担任中国中车集团有限公司党委书记、董事长的孙永才代表集团在大会上发言。他表示，中国中车制定实施了《中国中车职业教育改革实施方案》《建设国家产教融合型企业方案（2020—2022 年）》，围绕"两一体两统筹"总体思路，深化产业链、创新链与人才链、教育链有机衔接，努力打造央企产教融合典范。这是中国中车在培养高铁人才方面做出的探索与实践。他还提出了中国中车下一步的人才培养目标："全面建成国家产教融合典范企业集团，培养具有'产业报国、勇于创新、为中国梦提速'的高铁工人精神，掌握高端装备制造技术技能，具备职业化道德修养、行为规范等高素质的新时代'大国工匠''高铁工匠'。"

以孙永才为代表的轨道交通人背后，是波澜壮阔的大时代提供的机遇和舞台。对于未来，孙永才有着清醒的认识与展望："要弘扬高铁精神，争当时代先锋，加速建成受人尊敬、世界一流中车，为建设社会主义现代化强国作出新的更大贡献。"

参考资料

［1］《孙永才："复兴号"高速列车研制的主持者》，新华网，http://www.xinhuanet.com/politics/2018-12/29/c_1123925094.htm。

［2］《孙永才简介》，最美奋斗人，http://zmfdz.news.cn/15/index.html。

［3］《孙永才：从追赶到领跑》，腾讯网，https://new.qq.com/rain/a/20210603A0AJOF00。

企业家精神
中国共产党人的精神谱系

爱国情怀是企业家精神的灵魂，是中国企业家的光荣传统。改革开放以来，一批又一批企业家始终把企业发展与国家繁荣、民族强盛、人民幸福紧密结合在一起，主动把企业发展融入国家发展战略大局，创造了众多企业的辉煌。

　　勇于创新是企业家精神的内在核心，是企业生存发展的根基所在。改革开放以来，广大企业家弘扬创新精神，勇做创新发展的探索者、组织者和引领者，推动我国经济发展取得举世瞩目的成就。

　　诚信守法是企业家精神的基本要求，是现代经济活动的重要意识规范。中国特色社会主义市场经济是法治经济，任何一个企业家都必须崇尚法治，在合法合规中提高企业竞争能力，为加快建设全国统一大市场做出贡献。

　　承担社会责任是企业家精神的深层底色，也是企业的另一种生产力和竞争力。承担社会责任，不仅检验企业文化、经营理念和企业伦理，也校正着企业家的人生观、世界观和价值观。广大企业家坚持以人民为中心的发展思想，真诚回报社会，为促进社会公平正义和社会全面发展发挥积极作用。

　　拓展国际视野是企业家精神的重要体现，带动企业在更高水平的对外开放中实现高质量发展。面对世界百年未有之大变局，广大企业家立足民族复兴的战略全局，放眼世界，在构建新发展格局、促进国内国际双循环中作出新的贡献。

第三篇

话 科 创

探月精神

追逐梦想　勇于探索

协同攻坚　合作共赢

精 神内涵

大力弘扬追逐梦想、勇于探索、协同攻坚、合作共赢的探月精神，一步一个脚印开启星际探测新征程，为建设航天强国、实现中华民族伟大复兴再立新功，为人类和平利用太空、推动构建人类命运共同体作出更大的开拓性贡献！

——2020 年 12 月 17 日，习近平代表党中央、国务院和中央军委祝贺探月工程嫦娥五号任务取得圆满成功 [①]

发 展历程

1978 年 5 月 28 日，中美建交前夕，美国派遣总统国家安全事务顾问访问中国。作为见面礼，他带来了卡特总统向中国送上的一份珍贵礼物——一块从月球上带来的石头。我国也不服输，正式开启了探月计划。1998 年正式开始规划论证月球探测工程。2004 年 1 月绕月探测工程立项，作出实施探月工程的重大战略决策，确定"绕、落、回"三步走总体规划。

2007 年 10 月 24 日，嫦娥一号从西昌卫星发射中心由长征三号运载火箭成功发射。嫦娥一号是中国自主研发制造的第一颗绕

---

① 习近平致电代表党中央、国务院和中央军委祝贺探月工程嫦娥五号任务取得圆满成功 [N]. 人民日报，2020-12-17.

月人造卫星。2007年11月26日，国家航天局正式公布了嫦娥一号卫星传回的第一幅月面图像，这标志着中国首次月球探测工程取得圆满成功。2008年10月24日，嫦娥一号卫星已按计划圆满完成在轨运行和探测一年的各项任务，共获取了1.37TB科学探测数据。2009年3月1日，嫦娥一号卫星成功实施"受控撞月"，为我国探月一期工程画上了一个圆满的句号。

2010年10月1日，嫦娥二号成功发射。2012年4月，嫦娥二号圆满完成在日—地拉格朗日L2点一个完整周期的飞行探测，成功绕飞L2点，进入转移轨道飞行。2012年12月13日，嫦娥二号与国际编号为4179的图塔蒂斯小行星由远及近"擦肩而过"，最近交会距离不到1公里，首次实现了我国对小行星的飞跃探测，成为我国第一个行星际探测器。在完成预定的任务之后，嫦娥二号继续飞往深空，成为我国首个飞入星际的探测器。

2013年12月2日凌晨，嫦娥三号顺利升空，我国成为世界上第三个实现月球软着陆的国家。嫦娥三号探测了月球的月壤厚度、绘制了月球地质剖面图，发现了新的玄武岩类型；对地球空间等离子体进行了探测，展示了地球空间环境受太阳活动以及地球磁场活动的影响情况；充当月球上的天文望远镜，进行巡天观测。

2018年12月8日，嫦娥四号发射升空。2018年12月12日嫦娥四号完成近月制动，被月球捕获。2019年1月3日在月球背面预选区着陆，继续进行更广泛更深层次的探索。

2020年11月24日，嫦娥五号在文昌航天发射场成功发射。火箭飞行约2200秒后，顺利将探测器送入预定轨道，开启中国首

126

次地外天体采样返回之旅。2020 年 12 月 1 日，嫦娥五号探测器成功在月球正面预选着陆区着陆。2020 年 12 月 17 日凌晨，嫦娥五号返回器携带月球样品安全着陆。嫦娥五号作为我国探月工程"绕、落、回"三步走的收官之作，为世界更好、更深入地了解宇宙作出了巨大贡献，让世界刮目相看，在人类航天史上具有伟大里程碑的重要意义。

今天取得的成功是无数探月工作者的努力付出，是他们用顽强拼搏，努力创新，大胆创造，不服输不放弃的狠劲创造出来的。探月精神书写了世界航天发展的惊鸿之笔。

* 探月故事

人类探索太空的步伐永无止境。21世纪伊始，党中央高瞻远瞩，把握世界科技发展趋势和我国经济科技发展大势，作出实施探月工程的重大战略决策，确定"绕、落、回"三步走总体规划。嫦娥五号作为我国探月工程三步走的收官之作，创造了令亿万中国人心潮澎湃、让世界刮目相看的多个"首次"，在人类航天史上具有伟大里程碑的重要意义。

欧阳自远：梦想绽放在月球之上

自古以来中国人对月亮的追求孜孜不倦，"人飞于天""车走空中"的传说以及"鲲鹏展翅""九天揽月"的奇妙想象，凝聚成中国人骨子里的"月亮情怀"。古有"青天有月来几时，我今停杯一问之"好奇提问，今有"可上九天揽月，可下五洋捉鳖"豪情壮志和"直上中天摘星斗，欲倾东海洗乾坤"磅礴豪言。摊开时光长卷，中国航天人用一个个坚定的足印，一次次把中国印记留在太空，一步步将探索月球的遥远梦想变成现实。"嫦娥之父"欧阳自远就是他们中的一员。

欧阳自远出生于1935年，自小于颠簸中长大，从小就明白这样一个道理："落后就要挨打。所以我们只有一个办法，就是自己坚强起来，建设一个伟大的强国。"1952 年欧阳自远高中毕业。刚诞生不久的新中国工业化建设，最缺少的是矿产资源。国家号召青年们"你们要唤醒沉睡的高山，让它们献出无限的宝藏"。正是这句话深深打动了欧阳自远，他报考了当时刚成立的北京地质学院，专攻矿产地质勘探，为祖国的建设四处找矿。

但是 1957 年发生的一件事直接影响了欧阳自远的一生。苏联成功发射了第一颗人造地球卫星，宣布了人类空间时代的到来！欧阳自远陷入了深深的思考："假如有个卫星在地球上飞，那就能把地球上所有东西都看得清清楚楚。我们中国什么时候才能像苏联一样，也进入空间时代呢？如果未来我们国家能进入空间时代，那么现在我应该做些什么准备呢？"怀揣着这个强烈的愿望，欧阳自远从 1958 年开始，创新地使用地球科学的理论和方法，去研究地外陨石和其他的行星。正是这些有预见性的研究，为欧阳自远打下了未来对月球探测的根基。

机会总是留给有准备的人！"天外来客"事件天赐良机。1976 年，吉林省境内降落了一次历史上规模罕见的陨石雨，据当地人回忆："天上掉下来了三个大火球，害怕极了！"而当欧阳自远接到紧急通知，要求他以最快的速度赶往长春研究这些从天而降的石头时，他喜出望外！他知道这是天上掉下来的陨石，虽然类型与月亮样品不一样，但它毕竟是"天上的东西"，欧阳自远兴奋不已。欧阳自远专心地做研究，证明这些陨石的母体是火星与木星之间的小行星带中的一颗行星，年龄约为 46 亿年。根据研究，欧阳自远出版了专著《天体化学》，这部著作成为中国天体化学领域的开山之作，也带他打开冲向太空的大门。

1978 年，美国国家安全事务助理布热津斯基访问中国，并将"阿波罗 17 号"登月航天员采回的一块月岩送给了中国。这块珍稀的月岩仅有黄豆般大，净重 1 克。中国科学院把这一艰巨的研究任务交给了欧阳自远。欧阳自远组织团队，截取了 0.5 克月岩，花了 4 个月时间进行全面剖析，确定了这块石头的年龄、构成成分等要素。剩下的 0.5 克月岩送到了北京天文馆向公众展出，同时向公众科普月球知识。这块小石头现在已经成为北京天文馆"镇馆之宝"。也正是这次研究，更加坚定了欧阳自远的探月梦。

时光一晃，犹如白驹过隙。时光流向了 1993 年。从 1958 年研究地外陨石和其他的行星开始，欧阳自远已经整整研究了 35 年。1994 年起，欧阳自远开始向国家有关方面极力建议开展探月工程项目；2003 年底，欧阳自远的正式的探月科研报告被送进了中南海；2004 年 1 月，国家正式批准了"嫦娥一号"计划的实施方案，中国探月工程正式启动。欧阳自远担任中国月球探测工程首任首席科学家。

2007 年 10 月，我国第一个月球探测器直刺苍穹，"嫦娥一号"用相机掀开了月球表面神秘的面纱，实现了国人的千年奔月梦想。飞控大厅，当"嫦娥一号"卫星被月球俘获，顺利进入 12 小时环月轨道的那一刻，就意味着我们向全世界宣告，中国有了自己的第一颗绕月卫星。为了这个梦想奋斗了几十年的欧阳自远等几位老科学家喜极而泣，激动得拥抱到了一起。已年近古稀的欧阳自远激动地落下了热泪，口中不停地念叨着："绕起来了，绕起来了！"

2008 年 10 月 24 日，"嫦娥一号"卫星已按计划圆满完成在轨运行和探测一年的各项任务，共获取了 1.37TB 科学探测数据。2009 年 3 月 1 日，"嫦娥一号"卫星成功实施"受控撞月"，为我国探月一期工程画上一个圆满的句号。

欧阳自远没有停下前进的脚步，继续指引"嫦娥二号""嫦娥三号"到月亮上去，去探测月球的地形、地貌和自然资源。他说："我做'嫦娥'这十几二十年，深深地体会到，不能有任何的妄想。要踏踏实实、自力更生、艰苦奋斗，还要自主创新，才能更上一层楼。"

2010 年 10 月，"嫦娥二号"成功发射，开始月球空间环境探测之旅。2012 年 12 月，"嫦娥二号"与国际编号为 4179 的图塔蒂斯小行星由远及近"擦肩而过"，最近交会距离不到 1 公里，首次实现了我国对小行星的飞跃探测，成为我国第一个行星际探测器和飞入星际的探测器。

2013 年 12 月，"嫦娥三号"成功实现月球软着陆。2017 年，"天舟一号"与"天宫二号"顺利交会对接，中国航天进入了空间站时代，中国的航天技术更上一层楼。

从 20 世纪 70 年代至 2007 年，欧阳自远先后为国家培养了硕士、博士和博士后 50 名，有的已成为中国地学研究、教学和生产的骨干力量，有的已成长为地球化学各领域的学术带头人。但他自己的 3 个孩子，由于他太忙，根本没有时间和精力去教育他们。甚至因为所从事工作具有复杂性和保密性，欧阳自远从 20 世纪 60 年代初开始有 40 多年几乎没有回过家。

2014 年 11 月 4 日，国际小行星命名委员会将一颗编号为 8919号的小行星正式命名为"欧阳自远星"，以此表彰欧阳自远对中国太空事业，特别是对中国月球探测事业做出的杰出贡献。

2018 年 12 月，"嫦娥四号"带着"玉兔二号"来到月球背面，开启了月球探测新旅程。2019 年 1 月，"嫦娥四号"成功在月球背面着陆，"玉兔二号"开始在月球背面巡视探测，这是人类飞行器首次登陆月球背面。

2020 年 11 月，"嫦娥五号"成功发射，开启了中国首次地外天体采样返回之旅。2020 年 12 月 17 日，"嫦娥五号"探测器从月球采样返回，成功带回了 1731 克月壤。2021 年 10 月 19 日，"嫦娥五号"月球样品研究成果发布会上，白发苍苍的欧阳自远感慨："这是我们用自己的样品攻关出来的成果，我非常振奋！"

欧阳自远虽然已是耄耋之年，但谈起我国的航天事业却依然踌躇满志："我们绝对不能止步于月球。我们中国有能力飞得更远。我觉得我们国家大有希望。探月不就这么做下来的吗？"漫漫征途，中国航天人的接力从未停止，信仰与希望的力量永远燃烧续航。

参考资料

[1]《致敬科学家 | "嫦娥之父"欧阳自远：欲上青天揽月》，中国数字科技馆，https://www.cdstm.cn/subjects/jzrm/kpydh/zsjsll/zsxmt/202101/t20210113_1040798.html。

张玉花："航天女神"

中国航天界，有一位敢想敢干、善作善成的"嫦娥"，她就是中国航天科技集团上海航天技术研究院科技委常委、我国探月工程三期探测器系统副总指挥、"天问一号"探测器副总指挥张玉花。张玉花出身农家，却心系航天，30多年，她耕耘牧星，探寻苍穹，将青春岁月先后献给了我国载人航天、探月工程及火星探测三大领域，成为我国跨越三大领域的第一人，在时代长空留下了中国女性的奋斗轨迹。

张玉花与"月亮"有着不解之缘。1968年中秋佳节，张玉花出生在浙江湖州，因此家里人给她起了一个富有诗意的小名——秋月。高考那年，张玉花的成绩可以上国内最好的大学，但懂事的她考虑到家里负担重，也为了自己的军人梦，填报了国防科技大学。1990年大学毕业，张玉花进入中国航天科技集团上海航天技术研究院805所工作。她回忆道，当时的航天工程师是清一色的"理工男"，突然出现一位女生，科室都不知道该给她分配什么活。后来所里新成立一个小组，对载人航天领域进行技术储备。她就被派到了那里，成为中国载人航天工程测控通信分系统的主要论证人员。她和团队成员设计的地基、海基测控网方案技术，继承性强、可实现性高，在实际工程中得到应用。载人航天工程启动后，张玉花作为主要人员参加了载人飞船电源分系统的研制工作，并作为电源分系统主要设计人员荣获国防科技进步二等奖。

133

17年辛勤耕耘，张玉花从一名助理工程师慢慢成长为主要技术负责人、领队者，从"神舟一号"到"神舟七号"，每一次任务中都能看到她的身影。

2004年国家探月工程立项，上海航天技术研究院提出开展探月二期工程论证和研究。张玉花从载人航天领域勇敢地转向陌生的探月领域。这意味着一切都从零开始。她不断学习，同时带领团队，逐步确立多个分系统的关键技术方向，形成以博士、硕士为主的研发团队，并建立了月面环境实验室、视觉环境实验室。

2008年中国探月工程二期立项，上海航天在探月工程二期"嫦娥三号"任务中争取到了五个半分系统的研制任务，张玉花再次被委以重任，挑起大梁，担任探月工程副总设计师、副总指挥，踏上了探月征程。

2013年12月1日，"嫦娥三号"成功发射，"玉兔一号"月球车于2013年12月15日成功实现我国首次在月球表面的巡视勘察工作。

2018年12月8日，"嫦娥四号"成功发射；2019年1月3日，"嫦娥四号"在月球背面预选区着陆，"玉兔二号"完成与"嫦娥四号"着陆器的分离，驶抵月球背面，首次实现了在月球背面着陆。

2020年12月17日，"嫦娥五号"圆满完成我国首次地外天体采样返回任务，携带珍贵的月壤样品成功返回地球。

从"嫦娥三号""嫦娥四号"再到"嫦娥五号"，张玉花一路走来，从无到有，带出了一支作风硬朗的探月科研队伍，从方案论证到初样完成，硬是拼出了深空探测领域的一片新天地。几千年来"嫦娥奔月"的神话故事埋藏在每一个中国人心底,如今"欲上青天揽明月"的梦想已变成中国科学探索的现实!

探月的同时,2010 年我国深空探测重大专项论证拉开帷幕。2013 年火星探测工程上马了。"天问一号"火星探测器由环绕器和着陆巡视器组成,环绕器的研制单位正是上海航天技术研究院。环绕器不仅是地球到火星"行星际公路"上的飞行器,也是火星车与地球之间的中继通信卫星,还承担着环绕火星进行科学探测的任务。张玉花再次勇挑大梁,担任首次火星探测任务探测器系统副总指挥兼环绕器总指挥。

我国是世界深空探测领域的后来者,技术积累有限,亟须攻克系列关键技术:制动捕获只有一次机会,如何踩刹车;两器分离过程复杂,如何设计;"日凌期"遥测遥控中断 30 天,如何度过?火星探测器远在数亿公里外,如何开展自主管理;等等。面对这些困难,张玉花带领团队没有丝毫退缩,接连攻克了火星制动捕获、超远距离通信、长时间在轨自主管理、深空光学自主导航等多项关键技术,为中国的火星探测任务打下了坚实的基础。

2020 年 7 月 23 日,"天问一号"探测器踏上前往火星的飞行旅程,跨越 4.75 亿公里后成功进行"太空刹车",进而环绕火星飞行。2021 年 2 月 10 日晚,"天问一号"探测器成功实施靠近火星的制动捕获,成为我国第一颗人造火星卫星。"火星你好,我们来了!"为了这一瞬间的喜悦,张玉花和团队整整等待了十个年头。火星上空的这一抹"中国红",在全国人民迎接牛年新春的喜庆时刻,更增添了浓浓的家国情怀。正如张玉花所说:"我们所做的每一件事、踩下的每一个脚印，都是在创造新的历史。"

30多年的奋斗生涯，"航天女神"张玉花三次落泪见证中国航天的飞跃。

第一次落泪，是"神舟一号"成功的时候。那是张玉花第一次参加发射，她说："这个眼泪，既是庆祝，也是回忆那么多年的不容易，因为这也是我们国家第一艘飞船。"

第二次落泪，为"玉兔一号"在月球上被石块磕伤。2013年"嫦娥三号"成功发射，2014年初，"玉兔一号"月球车在第二个月昼周期行进时被石块磕伤，行程终止在了114.8米。张玉花躲在房间偷偷落泪："就觉得能不能当时想得更细一点，或者提醒操作人员更细致一点，但往事终究是不可追。"憋着一口气，张玉花带领团队优化设计，下决心要让"玉兔二号"走得更远。她专门从吉林运来火山灰模拟月壤，当月球车走在火山灰上，整个试验场都弥漫着灰尘，吸入体内或粘在皮肤上都会造成刺激。为避免扬起灰尘，夏天试验场不能开空调，室内温度达到40多摄氏度。张玉花和试验人员只能戴着口罩，穿着雨衣、雨鞋，大汗淋漓地做试验。5年时间里，证明再证明，检测再检测。张玉花告诉团队，如果不想再次流下失败的泪水，就必须洒下更多辛劳的汗水。等到送"玉兔二号"月球车远行时，张玉花像是送孩子上大学的母亲，叮嘱着："我把孩子交到你们手上了，可一定得照顾好它！'开车'的时候千万别莽撞。"2018年12月8日，"嫦娥四号"成功发射；2019年1月3日，"嫦娥四号"在月球背面预选区着陆，"玉兔二号"完成与"嫦娥四号"着陆器的分离，驶抵月球背面，首次实现了在月球背面着陆。张玉花说："'玉兔一号'和'玉兔二号'就像我的两个女儿。如果有机会上月球，我一定先到月球正面看望'玉兔一号'，为她包扎一下伤口；再到月球背面看望'玉兔二号'，表扬她是好样的，嘱咐她要走得更远更长！"

第三次落泪，是陪着受委屈的技术人员一起哭。探月工程三期在 2009 年展开立项论证，论证过程中，返回器、着陆器、上升器均有载人航天和探月工程一期、二期的研制基础，而"嫦娥五号"轨道器则是"白手起家"。张玉花组建队伍勇闯深空探测"无人区"。这是多次探月任务中经历时间最长、研制最为艰苦的一个航天器。历经 7 年研制、3 年贮存，张玉花团队一一攻克结构轻量化、多舱段多级可靠分离等 4 项系统级关键技术。实现了在轨 5 次分离、6 种组合体状态，终于一朝梦圆。2020 年 12 月 6 日，"嫦娥五号"成功在月球轨道完成了无人对接和样品转移，这在人类航天史上尚属首次。回想起艰难的研制历程，"嫦娥五号"轨道器主任质量师唐洁印象最深的是，在月轨交会对接机构的一次技术讨论会上，一位技术人员坚持自己的技术方案，说到激动处，忍不住哭了起来。张玉花看到自己的手下委屈得哭了，也忍不住陪着他一起当众落泪。因为，她深知每一项技术方案的背后都包含了技术人员无数的心血和努力。

从 300 公里的载人航天轨道，到 38 万公里的探月轨道，再到 4 亿公里的火星探测轨道，张玉花的航天征途一直在变轨。她的一次次"变轨"背后正是中国航天向宇宙深处的一次次探索。"人类不会永远躺在地球摇篮上，为了自己的求知欲、为了拓展人类的生存空间，我们将会走得更远，到别的行星，甚至到别的恒星系。再苦再累，只要坚持往前跑，总会逐渐接近自己的梦想，实现一个无悔的人生。"这是张玉花的梦想，也是每一个中国人的梦想。

参考资料

［1］《张玉花：心至苍穹外，目尽星河远》，中国青年网，https://t.m.youth.cn/transfer/index/url/news.youth.cn/nw/202103/t20210309_12756321.htm。

［2］《"探月女神"张玉花：从载人航天到探月工程，她两次落泪令人动容》，网易订阅，https://www.163.com/dy/article/GKJ5DDPL05520HWL.html。

［3］《"嫦娥"张玉花：遇航天"盛年"、历"载人航天、探月工程、火星探测"三工程》，中新网，https://www.chinanews.com.cn/gn/2021/03-08/9427166.shtml。

［4］《航天"女帅"三次落泪见证中国航天飞跃》，中新网，https://www.chinanews.com.cn/gn/2021/03-08/9427069.shtml。

嫦娥四号探月工程团队："揽月天团"铸就探月梦

嫦娥奔月这个古老的神话，在当代中国重新演绎，并不断延伸出新的"版本"。"今人不见古时月，今月曾经照古人。"月球已经与地球阴晴圆缺相伴了数十亿年的时光，但因为公转与自转周期相等，无论月相如何变化，始终只以同一面朝向地球。早在20世纪50年代末就开始了月球探测活动，世界各国陆续向月球发射了 110 多个探测器，而着陆探测的大概不到 20 次，而且都是在月球正面着陆探测，很长一段时间，"到月球背面去"被视作"不可能完成的任务"。

但是，2019 年 1 月 3 日 10 时 26 分，月球永远背向地球那面的山地荒原等待了数十亿年，终于迎来了第一个翩翩降临的地球访客。中国"嫦娥四号"探测器成功着陆月球背面艾特肯盆地内的冯·卡门撞击坑，并通过"鹊桥"中继星传回了世界第一张近距离拍摄的月背影像图。这张来自月球的照片，在网络上刷屏。通过它，人类第一次近距离地看到了月球背面的模样。"嫦娥四号"创造性地实现了人类探测器首次月背软着陆、首次月背与地球的中继通信，开启了人类月球探测新篇章。

差不多在"嫦娥四号"落月的同时，另一张照片也在网上广为流传。这张照片的背景是地球上的航天飞行控制中心，一位女航天人因激动而难以自已，一位年长的航天人站在她背后，紧紧握住她的右手。这位女航天人就是"嫦娥四号"探测器项目执行总监张熇，彼时 48 岁。握住她手的是中国航天科技集团五院深空探测和空间科学首席科学家、"嫦娥一号"卫星总设计师叶培建院士，彼时 74 岁。两代"嫦娥人"的手握在一起，这或许是对"揽月天团"的辉煌与艰辛、梦想与执着的无言彰显，也是对中国航天精神传承与接力的最好的注解！

从"嫦娥一号"到"嫦娥四号"，从懵懂起步到引领世界，中国探月工程才用了不到 20 年的时间。一大批老专家和年轻的科研人员，在普通的岗位上恪尽职守、默默奉献，向着中国探月工程总目标乘胜前进。

叶培建院士的身上充溢着老一辈科学家浓浓的家国情怀和艰苦奋斗、勇攀高峰的科学精神。他出生在军人家庭，从小随抗美援朝归来的父亲四处辗转，"部队到哪儿家就到哪儿"。从青年时期填报大学志愿开始，就立志国家的需要就是自己的使命。他说："一个国家总需要一部分人做出更多的事情。"长期的科研经历，使他养成了严谨的治学态度和高尚的敬业精神。"做事没有'差不多'，只有'行'和'不行'。"他大胆起用年轻科研人才，严格要求又温暖关怀，他视责任重于泰山，将自己发射的卫星看得比生命还重要。他说："人类文明要向前发展，总要有人看得更远一点。"

从 2001 年肩负着"资源二号"的重任与中国探月工程结缘；到 2004 年"嫦娥一号"探月卫星正式立项，带领着一支平均年龄不到 30 岁的研制队伍，用短短 3 年时间完成了"嫦娥一号"卫星的研制；再到如今"嫦娥四号"取得的成绩，"飞向火星"的星际梦想，他以只争朝夕、时不我待的精神，为中国奔向月球以及到更遥远地方进行深空探测殚精竭虑，"宇宙就是个海洋，如果我们不去，别人去了，别人占下来了，我们再想去就去不了"。18 年来，这位"人民科学家"见证了"嫦娥"每一个振奋人心的瞬间，也深知这些瞬间背后所凝聚的艰辛。他说："作为一名航天人，能够亲身参与并见证我国航天事业的发展，是一种幸福。"

2017 年 1 月 12 日，为了表彰叶培建院士为推动我国卫星遥感、月球与深空探测及空间科学快速发展所作出的突出贡献，经中国科学院紫金山天文台推荐、国际小行星命名委员会批准，一颗在火星和木星轨道之间绕太阳运行的小行星被命名为"叶培建星"，象征着把像叶培建院士一样的中国人的探索精神高悬广袤星空。

"嫦娥四号"探测器系统项目执行总监张熇给人的第一印象是优雅干练、随和开朗。在回忆照片的拍摄瞬间时，张熇依然难掩语气的激动："当天非常顺利地着陆在月球背面，整个项目成功了，'嫦娥四号'探测器系统总师叶培建院士走过来拍拍我，说'辛苦了，不容易'。这四年里，大家共同战斗是很不容易的，我本人也是百感交集，所以当时就流泪了。"

探月工程从 2004 年"嫦娥一号"立项，到"嫦娥四号"成功着陆月球背面，已历经 15 年的努力奋斗了。仅"嫦娥四号"项目就有上万人参与其中，耗时近 4 年。为什么月背着陆是全球第一次？因为月背着陆技术难度太大！

首道难题是通信问题。月球背面看不到地球，着陆器和探测器必须通过中继的方式才能将讯息传回地球，也就是说，要把着陆器和探测器中继到轨道上的一颗卫星上，这对中继技术是一个考验。而要在 30 个月之内完成从方案设计到生产、集成、测试和试验的全部工作，交付这一世界首颗地月中继通信卫星，时间之紧、难度之大可以说是前所未有。但这并没有难倒中国航天人。地月中继通信卫星"鹊桥"研制工作一启动，整个项目团队就进入了冲刺状态。测试间的灯时常彻夜通明，办公室假日里也总是回荡着键盘的敲击声。大家知道这个中继星不同于其他的变轨，近月制动对轨道控制的要求极为苛刻，而且机会只有一次，稍有偏差，它将无法再回到正确轨道，中继星也就成了"断了线的风筝"。为了确保近月制动顺利完成，研制团队一起反复讨论，制定和完善应急预案。

2018年5月21日，"嫦娥四号"中继星"鹊桥"号成功发射，在整个任务研制流程中，"鹊桥"研制团队没有耽误一个重要节点，没有出现一次低层次质量问题，按时保质完成了全部研制任务，成功搭建起地月通信之桥，为月球背面的着陆器和巡视器提供了稳定可靠的中继通信链路，为月球背面软着陆探测人类壮举的实现提供了可能。

第二个难关是如何选择着陆区并实现软着陆。月背的地形异常崎岖，几乎全是坑洼。美国、苏联早期的着陆技术，都是"盲降"，即往下冲，撞哪儿算哪儿。这种方式在月球正面或许可行，但在月背盲降很容易被撞翻或者撞毁，导致前功尽弃。因此，不仅要精心选择着陆区，"嫦娥四号"的着陆器也必须采取非常智能的"避障"式降落，要求它在到达离月背表面一定高度后，可以自主探测、自主平移和调整下降的速度和地点，要像一位机敏的轻功高手，避开各种障碍，优雅、轻巧地着陆。负责"嫦娥四号"探测器系统着陆器总体设计的李飞博士，2009年从天津大学毕业进入航天五院工作，他常常会为中国的航天事业感到骄傲和自豪。据李飞说，"嫦娥四号"探测器有许多世界首创的亮点技术。首先是高精度着陆技术。团队提前设计了几种避障策略，着陆器上装有对月球测速、测距等的敏感器，还有激光三维的敏感器，用于分析月面上的地形情况，根据这个情况来控制着陆的速度、高度，

以及最终的安全着陆点。这种通过自己识别、判断、决策，最终
自己控制、避障并着陆技术，是人类首次在月球上应用，也是由
中国自主研发的一种人工智能。此外，还有月夜温度采集技术。
整个着陆器在进入月夜以后，会对月夜温度进行采集，这也是中
国首次进行月夜温度的采集；还包括月背降落中的导航制导技术，
这一系列技术均由中国自主研发。张熇也说："虽然有个别产品
是引进的，但我们可以非常自豪地说，'嫦娥四号'的关键技术，
以及月面长期工作等技术，都是我国自主创新研发完成，属世界
首创。"

　　这些努力的意义和价值非同凡响。月球背面比正面要古老几
亿年，研究背面的月壤、地形地貌，对研究月球的起源演化有着
重大的科学意义。此外，因为月球背面挡住了地球的辐射干扰，
所以月球背面是做低频射电天文观测的理想场所。对冯·卡门撞
击坑的探测还有另一层意义，它是以 20 世纪匈牙利裔美国航天工
程学家冯·卡门命名的。中国航天事业的奠基人钱学森、郭永怀
都是这位"航空航天时代科学奇才"的亲传弟子。

　　"当你加入月球探测的队伍之后，再抬头眺望月亮，那感觉是
不太一样的……"张熇在说出这些话时，眼里闪着光，"航天队伍
的建立和历练也是大浪淘沙，留下来的人都真正想为祖国、为人
类的航天事业做一番贡献。"航天人尤其强调质量文化，即把所
有的风险都要事前识别和控制，强调一定是"如履薄冰、如临深渊"
的心态；工作中最基本的要求是"零缺陷、零故障、零疑点，高标
准、高安全、高可靠"。航天器最大的特点就是一旦发射，基本

143

不可修复，不像汽车能召回、飞机有定期维修，航天器发上去，看不见摸不着，如果有任何疏忽，很难补救，大家几年的辛苦就都白费了。

"嫦娥四号"任务的成功，是成千上万科技工作者一起奋斗的结果。比如，"嫦娥四号"着陆器有200多个设备、"玉兔"月球车有100多个设备需要测试；"嫦娥四号"的火箭进行了65项技术改进，针对窄窗口发射等风险制定了520项预案。每次遇到问题时，大家都在一起讨论和分析症结所在，夜以继日地测试、修改，再测试、再修改。"嫦娥奔月"的旅途上，不仅有叶培建和张熇这样的传承，还有更年轻一代的接力。

比如，"鹊桥"中继星星务分系统主管设计师侯文才，34岁。他和同事们完成了"鹊桥"的方案设计、生产、测试等工作。在测控对接任务中，他们在白雪覆盖的北方林海留下脚印，在黄沙遍地的西北戈壁洒下汗水。

比如，着陆器测试指挥岗齐天乐，29岁。举行完婚礼的第二天，一大早就坐早班机去了西昌卫星发射中心，投入"嫦娥四号"着陆器的测试工作。

巡视器（玉兔）总体副主任设计师温博，也是一位"萌萌哒"小姐姐，戴着眼镜，说话轻柔。她说，此前"玉兔一号"就是深受广大网友欢迎的"网红"，现在"玉兔二号"也是活泼可爱的形象。这"萌萌哒"背后是几代航天人付出的艰辛努力，凝聚着航天人的心血与汗水。"但是这种骄傲和自豪，让自己觉得再辛苦也是值得的。"温博说。

这就是我们的"嫦娥人",他们仰望星空、脚踏实地;他们攻坚克难、勇于登攀;他们敢于超越,砥砺前行。他们是航天梦的圆梦者,一步一个脚印,一棒接着一棒,在航天强国建设的征程中努力奔跑、接续奋斗,书写无愧于新时代的美丽人生。正如习近平总书记在会见探月工程嫦娥四号任务参研参试人员代表时所强调的:"太空探索永无止境。我国广大科技工作者、航天工作者要为实现探月工程总目标乘胜前进,为推动世界航天事业发展继续努力,为人类和平利用太空、推动构建人类命运共同体贡献更多中国智慧、中国方案、中国力量。"①

因在航天探月科技领域作出的卓越贡献,2019 年 3 月 20 日,"嫦娥四号"探月工程团队获得"世界因你而美丽——2018—2019影响世界华人盛典"大奖。

参考资料

[1]《仰望星空 脚踏实地——走近嫦娥四号探月工程团队》,新浪财经,https://finance.sina.com.cn/roll/2019-02-01-doc-ihqfskcp2309978.shtml。

[2]《嫦娥四号探月工程团队获"影响世界华人大奖"》,北方网,http://news.enorth.com.cn/system/2019/03/20/036960756.shtml。

[3]《榜样故事 | 揽月"天团"——嫦娥四号参研参试人员群体》,共产党员网,https://www.12371.cn/2019/10/21/ARTI1571641543992332.shtml。

---

① 习近平会见探月工程嫦娥四号任务参研参试人员代表 [EB/OL].(2019-02-20)[2022-12-18]. http://jhsjk.people.cn/article/30808408.

中国探月事业：合作共赢之旅

合作共赢，是探月精神的时代特征。探索浩瀚宇宙是人类共同的理想，和平利用太空是中国航天的一贯宗旨。中国探月已成为全球航天合作中的重要力量，也为人类和平利用太空提供了中国方案。作为航天传统中"大力协同"观念的进一步延拓，探月工程从国内各系统、各单位、各部门的合作提升为多国研究机构、科学家和工程师广泛高层次的国际合作，使探月精神具备了鲜明的新时代特征，承担起了为人类文明发展添砖加瓦的使命。

中国向世界敞开探月合作大门，首次实现月球背面软着陆的"嫦娥四号"任务搭载了由荷兰、德国、瑞典、沙特科学家参与研制的4台科学载荷。中国工程院院士、中国探月工程总设计师吴伟仁说："探月国际合作是未来的方向，国际合作可以分摊经费，共担风险，共享成果，相互学习。探索宇宙是和平的事业，我们希望开展更多国际合作。"中科院国家空间科学中心高级工程师、"嫦娥四号"有效载荷总体指挥徐欣锋认为，这次"嫦娥四号"任务有效载荷分系统在国际合作方面做出了大胆尝试，也收获了宝贵经验，达到了良好效果，为后续月球与深空探测领域的国际合作奠定了良好基础。中科院国家天文台研究员平劲松是"嫦娥四号"中继星"鹊桥"上搭载的中荷合作的低频射电探测仪中方首席专家。他说："与荷兰科学家合作，虽然双方在文化、法律、生活习惯和语言方面有很多障碍，但合作让双方积累了很多经验。"

　　瑞典航天局太阳系统科学部部长科勒说："人类从未在月球背面的表面做过任何探测。这次任务是中国的巨大成就，我们非常高兴能成为其一部分。""如果没有中国的月球车，我们至今也没有机会把我们的仪器送上月球。这是一个非常好的机会，我们希望与中国保持长期的合作关系。"据他介绍，瑞典科学家2015年就开始研制这台仪器了。在那之前，瑞典和中国的空间科学家就开展了很多富有成效的合作，最早可追溯到20世纪90年代初，"我们希望未来与中国在对太阳系的探索中继续保持合作"。

　　参与研制月表中子及辐射剂量探测仪的德国基尔大学物理实验与应用研究所项目总师温牧说："我们的仪器是用来测量宇航员在月球上可能会经受的辐射剂量，这非常重要，因为那会是宇航员从月球返回后还将继续面临的唯一风险。我们的仪器是世界上第一个能在月面上开展这种探测的仪器。""德国也曾提出过探月计划，但是因为缺少经费一直没能实施。中国让这样的探测得以实现，这真是好极了。这次任务非常令人兴奋，在月球背面着陆是世界第一次。为未来人类登月做准备，这也是非常棒的想法。""为了这次任务，我们非常努力地工作，我们也将之前的经验与这次任务结合。我们以极快的速度研发出了载荷，用了大约两年时间。"温牧说，"中国科学家都非常出色，如果没有他们的帮助我们就无法顺利研制出这次的载荷。"

　　2020年12月17日凌晨，携带月球土壤样品的中国"嫦娥五号"返回器成功返回地球。这是人类时隔44年再次获得月球样本，见证了中国航天创造的新历史。"嫦娥五号"作为中国复杂度最高、技术跨度最大的航天系统工程，共创下了五项中国"首次"，包括：地外天体的采样与封装、地外天体上的点火起飞精确入轨、月球轨道无人交会对接和样品转移、携带月球样品以近第二宇宙速度高速再入返回、建立中国月球样品的存储分析和研究系统。这是中国自主创新能力的集中展示，更体现了中国集中力量办大事的制度优势。正如"嫦娥五号"任务相关负责人所说，这么大的系统要保证环环相连，就需要集聚各方智慧和力量，共同克服和解决问题。正是得益于全国数千家单位、数万名科技工作者的通力合作，"嫦娥五号"完成了一场令人难忘的月球样本"采集—包装—转移—封装"的深空芭蕾舞并成功返回，为中国未来月球与行星探测奠定了坚实基础。

科学无国界，中国航天一直在开放创新中前行。中国国家航天局已与44个外国航天机构、4个国际组织签署超过140多项空间合作文件，在月球与火星等探测任务中开展了广泛合作。"嫦娥五号"任务的圆满完成同样离不开以互利共赢为基础的国际合作。在任务实施中，中方就与欧空局、阿根廷、纳米比亚、巴基斯坦等国家和国际组织开展了测控领域的协同合作。

"嫦娥五号"带回的月壤样本的科技价值受到国际社会广泛关注。美联社指出，月壤样品被认为比美国和苏联获得的要"年轻"约20亿年到30亿年，为月球和太阳系其他天体的演化历史研究提供了新的视角。我国明确表示，本着平等互利、和平利用、合作共赢的发展理念，将与各国志同道合的机构和科学家共享月球样品，包括有关探测数据进行科学分析。这是中国为深化人类对太空认知作出的切实努力。

2021年10月8日凌晨，"嫦娥五号"月球样品首篇学术成果发表，立刻在全球引起轰动。研究团队通过对月壤的分析，证明月球在19.6亿年前仍存在岩浆活动，使此前已知的月球地质寿命延长了约10亿年。这也是以刘敦一研究员为首的国内团队与国际研究团队合作的成果之一。刘敦一说："国际合作是科学发展的必然途径，'取长补短'并不丢人。"10年前他曾与国外学者共同研究阿波罗12号带回的月球样品，积累了大量经验。10年后他邀请国外学者们一起加入团队中来，拿到样品仅3个月的时间，便刷新了世界对月球的认识。

未来，中国探索太空的脚步不会停下。以"嫦娥五号"任务圆满成功为起点，中国探月工程四期和行星探测工程将接续实施。同时中国和俄罗斯联合牵头倡导建设国际月球科研站，与国际社会一道联合开展论证和建设。目前欧空局、亚太空间合作组织和相关国家等积极响应，共同促进太空和平利用。

回顾中国探月全历程，从7500N发动机到"鹊桥"中继卫星，再到"嫦娥五号"采样返回，中国探月的脚步始终与中国特色的自主创新之路重合叠印。独立自主是前提，开放、和平、共赢是中国坚持的理念。一个国家，一个民族，有实力才会赢得尊重，有实力才能合作共赢。正如习近平主席所说："探索浩瀚宇宙是全人类的共同梦想。"① 中国航天人正在以更加开放的胸怀迎接世界，以更加豪迈的步伐走向未来。

参考资料

［1］《弘扬探月精神 建设航天强国》，共产党员网，https://www.12371.cn/2021/12/08/ARTI1638918050113261.shtml。

［2］《国际锐评 | 探月精神将激励中国为人类福祉作出更多贡献》，中新网，https://www.chinanews.com.cn/gj/2020/12-18/9365832.shtml。

［3］《国际社会：中国探月成就助力人类太空探索》，央视网，https://news.cctv.com/2020/12/17/ARTI3LliHo3178curiRmHwwK201217.shtml。

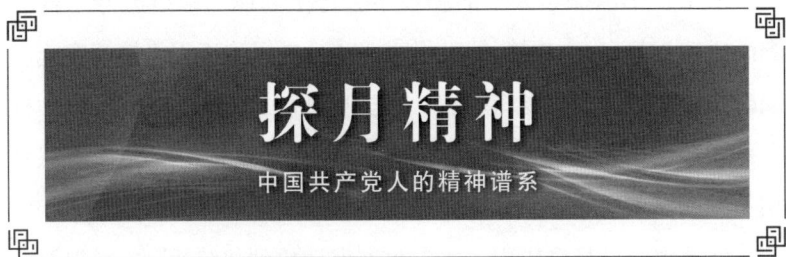

探月精神
中国共产党人的精神谱系

从"嫦娥一号"到"嫦娥五号"，中国航天人圆梦飞天揽月，将追梦之旅载入了世界航天史册。不断推动探月工程的强大精神动力是什么？探月工程不断成功的制胜密码是什么？是中国航天

---

① 习近平：为实现我国探月工程目标乘胜前进 为推动世界航天事业发展继续努力 [EB/OL].（2019-02-21）[2022-12-18]. http://jhsjk.people.cn/article/30851084.

人和无数科研工作者自立自强、勇攀科技高峰所铸就的伟大的探月精神！

探月精神是"两弹一星"精神的延续，是最具时代特征的航天精神之一。人类探索太空的步伐永无止境。新时代，中国航天人将开启星际探测的新征程，以探月梦托举中国梦、航天梦，为和平利用太空持续贡献中国智慧和中国力量。

新时代北斗精神

自主创新　开放融合

万众一心　追求卓越

精 神内涵

自 1994 年启动北斗系统工程以来，北斗人奏响了一首大联合、大团结、大协作的交响曲，孕育了"自主创新、开放融合、万众一心、追求卓越"的新时代北斗精神。

2020 年 7 月 31 日，在北斗三号全球卫星导航系统建成暨开通仪式上，习近平总书记强调："26 年来，参与北斗系统研制建设的全体人员迎难而上、敢打硬仗、接续奋斗，发扬'两弹一星'精神，培育了新时代北斗精神，要传承好、弘扬好。要推广北斗系统应用，做好确保系统稳定运行等后续各项工作，为推动我国经济社会发展、推动构建人类命运共同体作出新的更大贡献。"[1]

发 展历程

1994 年，北斗一号卫星导航试验工程正式立项建设，我国科学家陈芳允院士提出的"双星定位"设想正式付诸实施。

2000 年，成功发射 2 颗静止轨道卫星，北斗一号系统实现区域性导航功能。我国成为继美国、俄罗斯之后世界上第三个拥有卫星导航系统的国家。

---

[1]　习近平出席建成暨开通仪式并宣布北斗三号全球卫星导航系统正式开通 [EB/OL].（2020-08-01）[2022-12-18]. http://jhsjk.people.cn/article/31806262.

2004 年，启动具有全球导航能力的北斗二号系统建设；2007 年，发射一颗中地球轨道卫星；2009 年起，持续发射后续卫星，创造连续 3 年成功发射 14 颗导航卫星的佳绩，开创卫星小批量生产模式的先河。

2012 年，完成北斗二号系统建设，实现我国领土和周边区域的高精度定位，北斗卫星导航系统正式提供区域服务。

2015 年，成功发射 2 颗北斗导航卫星，北斗导航系统的卫星总数增加到 19 枚。

2017 年，北斗三号的首批 2 颗组网卫星以"一箭双星"的发射方式顺利升空，标志着中国正式开始建造北斗全球卫星导航系统。

2020 年 6 月 23 日，北斗三号全球卫星导航系统最后一颗组网卫星在西昌卫星发射中心发射，并在 6 月 30 日成功定点到工作轨位。

2020 年 7 月 31 日，北斗三号全球卫星导航系统建成暨开通仪式在北京举行，标志着中国建成了独立自主、开放兼容的全球卫星导航系统，北斗从此走向了服务全球、造福人类的时代舞台。中共中央、国务院、中央军委专门发来贺电，勉励工程全线大力弘扬"自主创新、开放融合、万众一心、追求卓越"的新时代北斗精神。

26 年来，中国航天科技集团北斗团队始终用更精、更稳、更准的高难度指标要求自己，迎难而上、敢打硬仗、接续奋斗，攻克了一道又一道的科技难关。从 2000 年 10 月第一颗北斗一号试验卫星发射成功，到 2020 年 6 月北斗三号最后一颗全球组网卫星完成部署，20 年来，44 次发射，中国先后将 4 颗北斗试验卫星，55 颗北斗二号、三号组网卫星送入太空，完成全球组网，为世界贡献全球卫星导航的"中国方案"。

＊ 新时代北斗精神故事

仰望星空、北斗璀璨，脚踏实地、行稳致远。新时代北斗精神是中国航天人在建设科技强国征程上的又一座精神丰碑，照亮了一个民族走向复兴的伟大梦想。我们将大力弘扬新时代北斗精神，不负韶华、实干兴邦，接续走好勇攀科技高峰、共建航天强国新征程，为全球卫星导航系统更好服务全球、造福人类贡献智慧和力量。

王淑芳：追星"北斗"不悔初心

2020年6月23日，北斗三号收官之星点火升空，乘风破浪的"北斗元老"王淑芳再次被人们提起并赞扬，一直被"中国必须有自己的卫星导航系统，不能受制于人"信念支撑的王淑芳见证了北斗的问世和成长。探究王淑芳的奋斗历程，她将自己的青春全数奉献给了中国航天事业：23岁放弃外企的工作，毅然投身于北斗事业；28岁担任北斗设计师，是两代北斗系统建设方案的论证者，执笔4项国家军用标准；35岁时又投身北斗推广，使北斗系统在智能手机、车载终端、穿戴式设备等个人消费领域得到广泛应用，形成了较为完整的北斗产业链。

"踏朝霞，迎风雪，城际如梭，高铁山间过。野鸟衔枝蓄冬巢，迟暮中年，无暇时光错。"这是王淑芳出差时即兴创作的诗句，道出了王淑芳的信念追求，同时也道出了北斗导航系统的发展之路、中国航天事业的发展之路。

1994 年 2 月，北斗卫星导航试验系统工程正式立项启动。因为北斗系统建设缺少导航专业人才，需要从高校招收一批大学生。王淑芳当时年仅 23 岁，是北京航空航天大学应届毕业生，她参加了此次宣讲会。"研制北斗卫星是我国的空白领域。"宣讲会上，项目介绍工程师随口说的一句话却永远改变了王淑芳的人生轨迹。在那个大学生被称为"天之骄子"的年代，当她的同学选择出国或去外企工作时，她却选择了投身处于艰苦创始阶段的北斗卫星导航系统建设中。"当时世界上只有美国的 GPS 和俄罗斯的 GLONASS 两个成熟的全球卫星导航系统，我国导航系统还处于空白领域。中国一定要搞北斗！"她想都没想就放弃了外企的工作机会，毅然投身于北斗事业，负责北斗的用户机研制。虽然有心理准备，但是艰苦的工作和生活条件远远超出王淑芳的预料。她说："刚工作那阵儿，待遇不高，每个月只有三四百元的工资，4 个人住在一间宿舍里。办公地点就在招待所，闷热的夏天里，只有一个摇头扇不停地转。"这还不止，她还要背着十几斤重的机器，在东北的大雪天里蹲守监测，一待就是十几个小时，高强度的工作，让她累晕过好多次。但这些困难与北斗的吸引力相比不算什么。在实现目标的路上，不管遇到怎样的困难，王淑芳都不曾想过要放弃。她始终坚守着自己的信念："没有条件就创造条件，没人才就一个顶俩！"整整 700 多个日日夜夜地攻坚克难，她和她的团队亲眼见证了第一台北斗用户机的诞生，这个重达几十斤的"庞然大物"——一代北斗用户机终于能够接收到北斗卫星信号了！她终于第一次舍得花一整天的时间美美地睡一觉，却仍然兴奋得一夜无眠。

一代北斗用户机的诞生意味着从无到有，把看不见的东西变得看得见，把理论设计的东西变成真实的存在。通过一个用户机，就能知道自己的位置，这在当年，没有人知道是否能成功，摸着石头过河，一次次地试验、探索，才完成了这个打破封锁、占领高地，和世界强国赛跑的重大突破。后来，二代北斗用户机完全可以放置在手表和手机中。随着对"北斗导航"研究的深入，"中国北斗"逐渐从创新型科研转换成实用型科研，将北斗运用在社会生活的方方面面，开始向贴近民众生活的方向转变。

2007年，王淑芳又做出了人生中的第二个重要选择，从北斗导航研发系统转到交通运输行业，牵头承担首个北斗系统民用示范工程，建设管理"重点营运车辆联网联控系统"。大学毕业时，身为北京航空航天大学学生的她为"北斗"穿上了军装，成为一名职业军人。"北斗"科研成功时，她放弃了军队生活，转业到另一个新的领域，但初心未变——追随北斗。刚转行时，家人很不理解，之前的研发做得好好的，为什么要转业到一个完全陌生的领域，从头起步、从零开始？王淑芳做通了家人的思想工作，她说，世界上有两大成熟的卫星导航系统：美国的GPS和俄罗斯的GLONASS，它们几乎同步建设，可是GPS做到了让全世界离不开它，其中最大的原因是GPS通过产业链来反补系统建设。我国交通行业拥有一千多万辆营运车辆、十几万艘营运船舶，还有高速公路、航道、港口等基础设施，是卫星导航最大的用户。转业交通，就是想让"北斗"用起来，让她成长、壮大！

　　转业交通信息中心后，在别人看来，她的工作比转业前的研发工作轻松得多。可现实却是：一年中有大半年时间漂在全国各地，这对她而言是再正常不过的工作状态了。她之所以这样到处奔走，夙兴夜寐，是因为"北斗导航"刚运用到交通领域，整个行业比较抵触和疑惑，她需要做"北斗导航系统"在交通行业的示范工程，在交通运输领域推广北斗的应用。2012 年，她一年内组织了 5 次工程协调会。有一次北京大雨，航班大面积延误，9 个省份、30 多人，从半夜到凌晨，这期间飞机陆陆续续着陆，她顾不上第二天还需要组织会议，坚持亲自接站。一位地方的同志感激地说："下这么大雨，你还用自己的私家车来接站，我们再做不好工作就太对不起你们了。"其实，王淑芳这样接送了一夜，是打着自己的"小算盘"：接待是为了接近。因为她明白，只有接近，才有机会和大家心贴心地沟通，才能让大家明白"通过示范工程的引领，可以让老百姓认识北斗、接受北斗、热爱北斗，让中国人自己的卫星导航系统强大起来"。

　　终于，通过北斗车载终端的应用，"北斗"成了我国交通应急指挥和日常安全监管的"千里眼""顺风耳"。通过北斗车载终端的应用，重特大道路运输行车事故得到有效控制。装载了北斗系统的重点营运车辆联网联控系统，可以有效加强道路安全监管。2015 年，全国较大等级以上道路运输行车事故起数和死亡人数同比 2011 年分别下降 31.5% 和 37.1%，其中重特大道路运输行车事故起数和死亡人数同比分别下降 46.7% 和 48.9%，创历史最高水平。北斗示范工程也超额完成推广任务，带动 400 多万台北斗终端进入交通领域，实现产值上百亿元。

如今，"北斗导航技术"正越来越多地与人们的日常生活紧密结合。"北斗菜"、北斗魔盒、北斗时空表……随着穿戴设备、智能制造以及其他各种智能硬件的兴起，"北斗＋"概念逐渐实现落地，最终"飞入寻常百姓家"。有一次，25 名探险爱好者在可可西里无人区遇险，他们就是凭借仅有的一部装有北斗模块的手机与外界取得联系，顺利获救。

"如果用我的青春能够换来北斗的成功，就算付出再多我也觉得值，我这一生，做过的最不会后悔的选择就是选择了北斗事业。"王淑芳说，"正如每一个'北斗人'常喊的口号'中国的北斗，世界的北斗'，未来不只是一颗星、一群星，希望每个人的手机里都有一颗叫作'北斗'的导航星。"王淑芳的眼里满含期待。

从古时起，北斗七星就是为人们指明方向的明灯，如今北斗卫星于天际遨游，为人类提供一流的卫星导航服务，指引人们前进的方向。传承与发扬北斗精神已是我们每一个新时代青年应该完成的使命。

参考资料

[1]《中国人的故事：择一事终一生 追星北斗不悔初心》，中国青年网，http://news.youth.cn/gn/201612/t20161226_8984530.htm。

[2]《一生择一事　王淑芳：追星"北斗"》，央视网，https://tv.cctv.com/2016/05/02/VIDEOjLZaXdiRFgAK07VDP8P160502.shtml。

谢军：逐梦苍穹　铸就北斗

仰望星空，我们能看见两个"北斗"。一个有 7 颗星，已在宇宙间存在亿万年之久，自古以来为人类指位定向；另一个有 55 颗星，从无到有诞生发展不过 26 年，在浩渺太空却能为人类提供精确到 10 米的定位。前者名为"北斗七星"，是自然的馈赠；后者名为"北斗三号全球卫星导航系统"，是一项由中国航天人创造的奇迹。"感动中国 2020 年度人物"——谢军，就是重要的亲历者。

谢军，现任北斗三号工程副总设计师、北斗三号导航卫星首席总设计师、北斗卫星导航系统工程副总设计师。1982 年，谢军从国防科技大学毕业，分配至中国航天科技集团五院 504 所工作，从此，从这里踏上航天之路，与"北斗星"紧密相连并折射出耀眼的光彩。

1983 年，中国科学院院士陈芳允提出了利用 2 颗地球同步轨道卫星进行定位导航的设想，即双星定位设想，由此开启了筚路蓝缕般的伟大征程。1994 年，北斗一号卫星系统工程建设正式启动。2000 年，2 颗北斗一号卫星成功发射，中国成为世界上第三个拥有自主卫星导航系统的国家。2004 年，当北斗二号卫星系统工程正式启动时，谢军也正式走上了北斗二号导航卫星总设计师的岗位。北斗二号卫星导航系统是在北斗一号的基础上，从原来只为中国提供服务，扩展到覆盖亚太地区，需要 14 颗卫星支持，同时还要攻克一些基础性的难题。尽管研发之路困难重重，荆棘载途，但谢军和他的团队从未轻言放弃，始终攻坚克难，逆流而上。

在谢军记忆中，2007 年是北斗二号的一个重要节点。根据国际电联规定，导航卫星的频率资源和轨道位置资源自申请日起时限为 7 年，超时不用自动作废。这意味着，他和团队只有 3 年时间攻破基础性的难题，并在 2007 年 4 月 17 日之前，把卫星打上太空。2007 年 3 月 31 日，在首颗北斗二号导航卫星发射前的最后检测中，卫星上的应答机出现概率异常，时间不等人，谢军与技术人员一次连续工作 72 小时，终于找到故障原因，解决了问题。2007 年 4 月 14 日凌晨，北斗二号系统第一颗中圆轨道试验卫星被成功送入太空。但这距离履行国际电联的规定，还差一个关键动作——把卫星所携带的无线电信号发射到地面，让地面的人能够接收到信号。4 月 16 日 20 时 14 分，谢军果断做出决定，下令试验卫星上的有效载荷产品加电开机。1 小时 32 分钟后，地面系统正确接收到了卫星播发的导航信号，这一刻，距离国际电联规定的空间频率申请失效时间，仅剩 2 个小时。

首战告捷，北斗二号进入了组网建设快车道。

2010 年，成功发射了 5 颗北斗二号卫星；2011 年 4 月，建成"3GEO+3IGSO"基本系统；2012 年 12 月，14 颗卫星正式组网运行，北斗二号系统提供正式运行服务。到 2019 年，我国已成功发射 20 颗北斗二号卫星，走出了独具特色的卫星导航系统发展之路，亚太地区精度达到国际先进水平。

2009 年，北斗二号建设还在如火如荼，北斗三号系统建设也正式启动，这是北斗系统迈向世界一流、全面比肩 GPS 的关键一步。谢军面对着极大的挑战和困难。但他说："实在不行就熬，熬那么几天总能想出来办法。"谢军口中的"熬几天"，有时是持续 1 个月每天早晨 8 点半开始上班，一直干到晚上 12 点近 16 个小时的高强度工作，谢军却说："一旦投入这个工作中去了，好像睡意包括困劲累劲就都没有了。"有时是 3 年多坚持不懈地攻关改进，比如攻克星载原子钟这个"拦路虎"。

星载原子钟被称为导航卫星的"心脏"，它的精度和稳定性直接关系导航系统的服务质量。而最初，北斗导航卫星上使用的原子钟依赖进口，既受制于人，又不能完全保证质量，影响导航服务。深思熟虑之后，谢军下决心走自主研发之路，让星载原子钟百分之百国产化，"一定要让重要的关键核心技术牢牢掌握在自己手里"。一念既定，再难再苦也要迎难而上，快马加鞭。可是，研制出的第一台原子钟在工作时常出现信号突跳，精度较差。时间精度是卫星导航的命门，天地间时间越同步、误差越小，定位精度就越高。为了解决精度问题，谢军要求科研人员每天、每周对卫星上选用的特定原子钟设备进行定期监测，然后根据数据进行改进。这一改就改了 3 年多，有时为了一个问题，团队成员也会争得面红耳赤，哪怕归零也要回溯问题所在。终于，谢军和他

163

的团队让北斗卫星用上了自主研制的精准原子钟。目前，北斗卫星原子钟的质量和指标不断提升，授时精度相当于 300 万年只有 1 秒误差。

不仅仅是自主研制高精度星载原子钟，十几年的时间里，谢军带领北斗团队解决了一系列技术难题，突破了高稳定长寿命时间基准技术、上行注入抗强干扰技术、高精度测距技术和阵面天线技术等难题，首次实现百万门以上国产 ASIC 电路在轨应用……谢军说，从 2004 年还存在于图纸上的"想象"，到如今大量应用于北斗导航卫星上的高精度成品，回头想想，这一路走来不容易，然而其过程却正是新时代北斗精神的深刻体现：自主创新、开放融合、万众一心、追求卓越。

2020 年 6 月 23 日，北斗系统第五十五颗导航卫星暨北斗三号最后一颗全球组网卫星点火发射，翱翔太空。7 月 31 日，北斗三号全球卫星导航系统建成暨开通仪式在人民大会堂举行。10 时 48 分，习近平总书记走上主席台宣布："北斗三号全球卫星导航系统正式开通！"① 全场响起经久不息的热烈掌声。中国成为继美国、俄罗斯之后，世界上第三个拥有全球卫星导航系统的国家！

从 2000 年 10 月北斗一号第一颗试验卫星成功发射，到 2020 年 6 月 23 日北斗三号最后一颗全球组网卫星升空，20 年来，44 次发射，中国先后将 4 颗北斗试验卫星，55 颗北斗二号、三号组

---

① 习近平出席建成暨开通仪式并宣布北斗三号全球卫星导航系统正式开通 [EB/OL].（2020-08-01）[2022-12-21]. http://jhsjk.people.cn/article/31806262.

网卫星送入太空，开启了中国"星网"导航全球的时代。谢军说："我们承诺在全球范围内提供优于10米的导航，根据实测结果，水平定位精度达到1.6米，高程定位精度达到4.4米，重点区域甚至更为精确，授时精度10个纳秒。"这就是自主创新、追求卓越最为淋漓尽致的体现，是几代航天人、北斗人为之奋斗的目标最终实现的里程碑。

仰望星空，那里有中国航天人的梦想。习近平总书记曾经指出："探索浩瀚宇宙，发展航天事业，建设航天强国，是我们不懈追求的航天梦。"①对谢军而言，北斗卫星导航系统就是实现中国航天梦的重要体现、重要一站。

如今，更多的年轻北斗人成为主力军，他们更有活力、更有干劲，也更有对航天强国梦的热忱和期许。我们的征途是星辰大海……

参考资料

［1］《"北斗人"谢军：我们是仰望星空、脚踏实地的航天追梦人》，腾讯新闻，https://new.qq.com/rain/a/20200920A03ESY00。

［2］《谢军：逐梦苍穹 铸就北斗》，央视网，http://news.cctv.com/2018/10/01/ARTIspvxp5xsHkfL0eNxwyM9181001.shtml。

［3］《谢军：献身航天30余载 用北斗照亮人生坐标》，央视网，https://people.cctv.com/2020/07/15/ARTIsRDl9xPydSyzER5sjWzq200715.shtml。

---

① 习近平：坚持创新驱动发展勇攀科技高峰 谱写中国航天事业新篇章[EB/OL].（2016-04-24）[2022-12-21]. http://jhsjk.people.cn/article/28300286.

[4]《谢军：打造世界的中国北斗》，新浪财经，http://finance.sina.com.cn/jjxw/2022-09-26/doc-imqmmtha8783546.shtml。

孙家栋："中国卫星之父"的传奇人生

7年学飞机、9年造导弹、43年放卫星，"两弹一星"元勋、中科院院士孙家栋的一生就是共和国航天事业发展史的缩影。在我国自主研制发射的100多个航天飞行器中，由他担任技术负责人、总设计师或工程总设计师的就有34个，占整个中国航天飞行器的1/3。2010年1月11日，在国家科学技术奖励大会上，81岁的孙家栋获得2009年度国家最高科学技术奖。2019年9月17日，国家主席习近平签署主席令，授予孙家栋"共和国勋章"。

1970年4月24日，我国第一颗人造地球卫星"东方红一号"发射成功，我国成为世界上第五个能够发射人造卫星的国家。孙家栋是"东方红一号"的总体设计者，那年，他41岁。1967年7月29日，年仅38岁的他，"被选择"到了刚组建的由钱学森担任院长的空间技术研究院，负责我国第一颗人造地球卫星的总体设计工作——这不是他的专业，而他，也不知道这项工作要怎么做。但孙家栋说："国家需要你去搞卫星，你就去，就是这么简单！"8月2日，一辆吉普车将孙家栋接到新成立的空间技术研究院，从此开启了他的卫星之路，进而一发不可收拾，这其中包括很多个第一：第一颗人造卫星、第一颗科学实验卫星、第一颗返回式遥感卫星、第一颗通信卫星、第一颗静止轨道气象卫星、第一颗资源探测卫星、第一颗北斗导航卫星、第一颗探月卫星……

时光回溯到1950年元宵节，在哈尔滨工业大学预科班专修俄文的孙家栋，听到"新中国的空军要招人，有意者可自愿报名"的消息，当即填报了从军申请，当天报名、当天批准，当晚他便登上了前往中国人民解放军空军第四航空学校的列车，从此踏入了航天大门。

1951年9月，孙家栋因品学兼优，和另外29名军人被派往苏联茹柯夫斯基空军工程学院学习。留苏期间，孙家栋的学习成绩一直名列前茅。1958年3月毕业时，孙家栋以每年全优的成绩，登上了苏联红军俱乐部的领奖台，获得纯金奖章"斯大林奖章"。

1958年4月，孙家栋回到了中国，被分配到了当时国防部五院一分院（中国运载火箭技术研究院的前身）总体部。国防部第五研究院是中国航天发展最早的火箭、导弹研究机构，时任院长是钱学森。当时的孙家栋脑袋里一下子转不过弯："我学了这么多年的航空，去搞导弹？"这让孙家栋这批人感觉到压力很大。"当时周围的同志，有学力学的、数学的、化学的、纺织的、文史的……就是没有学导弹理论的。"孙家栋回忆说。他所学的航空理论，还算与导弹专业离得最近。但这并没有影响到这帮爱国赤子的工作热情。孙家栋说，当时他感觉到的是："哎呀，我怎么如此幸运！"因为研制导弹是比飞机制造还更尖端的技术，能将如此重任交给自己，感到更多的是"国家对你真是信任！"没有更多的想法，他们一头扎进了导弹研制的相关工作中，这一做就做了9年。"那时候导弹才研发到中程，仅一两千千米的射程，我们的目标是要搞洲际导弹。"孙家栋说。为此，他们这批人已下定决心，未来一二十年均为此而奋斗。

而人生的转折，有时候来得就是如此突然。

早在1958年孙家栋刚回国那年，苏联发射了人类历史上第一颗人造地球卫星，震动世界。毛主席也发出了"我们也要搞人造卫星"的号令，并启动了人造卫星的研究工作。为了确保1970年能将第一颗人造卫星送上天的目标，1967年，中央决定组建中国空间技术研究院，由钱学森任院长。钱学森亲自点将，37岁的孙家栋再次放弃自己熟悉的知识，进入一个完全陌生的领域。孙家栋为之一生的卫星事业，由此展开。

1970年4月24日，我国第一颗卫星"东方红一号"发射升空，全国人民欢欣鼓舞。

1970年5月，孙家栋主持制定了中国第二颗人造卫星"实践一号"卫星总体技术方案。1971年3月3日，"实践一号"在酒泉卫星发射中心成功发射。这颗卫星成为中国第一颗长寿命卫星。

"实践一号"发射成功后，孙家栋又紧张地投入了我国第一颗返回式遥感卫星的研制工作。1974年11月5日，我国第一次发射返回式遥感卫星。但是仅仅升空20秒后卫星就爆炸了，任务宣告失败。几年来的心血瞬间化为灰烬。爆炸的那一瞬间，孙家栋整个大脑一片空白，失声痛哭，"脑袋里头什么东西都没有了。可以说确实感觉得当时就有点呆了，不知道是怎么回事，好长时间自己没反应过来。"之后的三天三夜，他和同事在滴水成冰的沙漠里一寸一寸寻找火箭的残骸，甚至把沙地翻了一尺多深，把混在沙子里的螺丝钉、小铜块、小线头一点一点收集起来，查找事故原因。通过检查，发射失败的原因缘于火箭里的一根导线里头的铜丝质量不好，在里面断了。孙家栋说，这次失败，给他们的教训最大，体会最深——造成这么大的失败，竟然是因为非常简单的一个细节。由此狠抓细节和质量，建立起了一套完整严格的质量管理体系。一年后，1975年11月26日，新一枚运载火箭和一颗新的返回式遥感卫星，再次发射，成功升空。

2004年，我国正式启动探月工程，已是75岁高龄的孙家栋再次披挂上阵，担任探月工程总设计师。很多人不理解，早已经功成名就的孙家栋为什么还要接受这项充满风险的工作？孙家栋自己也坦言，从工程来讲，我们要离开地球，准确到达平均38万公里以外的地方去，这远远超出了我们几十年近地空间的活动范围，这会带来一系列技术上的问题。如：轨道设计、轨道测量、轨道控制……难，为什么还要去？风险很大，为什么还要去？为此孙家栋只有一句话："国家需要，我就去做。"

2007年11月5日，"嫦娥一号"卫星顺利完成环绕月球的那一刻，航天飞行智慧控制中心的工作人员欢呼、拥抱，庆祝成功，孙家栋却悄悄背过身子，潸然泪下。

2009年3月5日，钱学森给孙家栋写了一封信，98岁的老人亲笔签了名。孙家栋流着眼泪一字一句认真地看，为信中7次提及"您"这个称呼感动不已。2009年4月15日，孙家栋在西昌卫星发射中心参加指挥的北斗导航定位卫星发射任务又一次获得圆满成功。

少年勤学，青年担纲，年近古稀犹向苍穹寄深情。孙家栋亲历、见证、参加、领导了中国航天从起步以来的全部过程，把初心使命镶嵌于天际宇宙，照亮中华民族伟大复兴的梦想！

参考资料

《"中国卫星之父"孙家栋的传奇人生》，搜狐网，https://www.sohu.com/a/257526406_765692。

北斗人：北斗标定的青春航向

2020年6月23日上午，我国西昌卫星发射中心，长征三号乙运载火箭成功发射北斗系统第五十五颗导航卫星，暨北斗三号最后一颗全球组网卫星！至此北斗三号全球卫星导航系统星座部署比原计划提前半年全面完成。7月31日，北斗三号全球卫星导航系统建成暨开通仪式在北京举行，习近平总书记宣布："北斗三号全球卫星导航系统正式开通！"[1]自此中国正式迈向了航天强国行

---

① 习近平出席建成暨开通仪式并宣布北斗三号全球卫星导航系统正式开通[EB/OL].（2020-08-01）[2022-12-23]. http://jhsjk.people.cn/article/31806262.

列，也标志着中国航天人在建设北斗全球卫星导航系统过程中表现出来的"自主创新、开放融合、万众一心、追求卓越"，以国事为重的"北斗精神"的不断成熟。

北斗不仅定位了物理上的方位，也标定了北斗人陈雷的青春的航向。从高中毕业迈进国防科技大学校门开始，陈雷和北斗团队的一个个前辈一样，创造力最旺盛的青春岁月，完全与北斗的发展历程叠印在一起。他常常回忆起小时候，小心翼翼地去摸爸爸军装上的星星，感觉特别神圣。如今，儿时在心底萌芽的梦想已经生根、发芽、开花。陈雷说，用一句时髦的话形容，这不仅是他从"种草"到"拔草"的过程，是他勇敢追梦的十年历程，更是中华民族"追求卓越"的新时代精神的真切体现！攻读博士期间，陈雷便早早地来到北京微电子技术研究院研习，在沈绪榜院士的鼓励和推荐下，他加入航天队伍，成为我国航天微电子领域的第一个博士后，为几代航天人"芯片国产化"的共同梦想而奋斗。对于北斗的建设来说：宇航用 FPGA 的自主可控是建设航天强国的重大瓶颈之一，研制难度极大，必然要走前人未曾走过的自主创新之路。为解决这一卡北斗建设"脖子"的关键问题，陈雷带领他的团队夜以继日地演算。最终践行了"以芯报国的宏伟志愿"。

不只是陈雷，每一个与北斗相伴的科研工作者，几乎都把青春最美好的时光，交付给理想，方才铸就了北斗这一国之重器。陈雷的恩师王飞雪在 24 岁时加入北斗攻关。当时正值世界导航定位领域风起云涌，而在我国北斗系统建设被"信号快速捕获"这一瓶颈问题卡住近 10 年的危急关头。还在读博士的王飞雪了解到此事，心情十分沉重。再三思考之后，他做了一个别人难以理解的决定——和另外几位同学一起，主动请缨，决心攻克这一技术难题。摆在眼前的是学术界多少前辈与大拿都感到棘手的问题，质疑声也纷至沓来，"这是事关国家安全和经济发展战略的重大科研项目，岂是儿戏？""这个难题别人耗费 10 年工夫也没有攻克，几个年轻人能行？"但是，似"初生牛犊不怕虎"，王飞雪丝毫不曾感到畏惧，毅然决然地踏上了科技报国之路。1 台计算机、4 万元经费、10 平方米仓库——这是当时王飞雪和他的同学们初入"战场"的全部家当。可"王飞雪们"不觉得辛苦。那时的他们，年少的胸腔里，满怀梦想与激情。甚至多年以后，当王飞雪成功研发研制出北斗一号全数字快捕和信号接收系统这一创新标杆，接受采访时，他仍会怀念那一段他们记忆中的倥偬岁月："那个愿望强烈到你走路也想，吃饭也想，睡觉也想，强烈到就好像你把手腕割开，在年少的胸腔里满怀着的理想，那流出来的不是鲜血而是愿望的愿望！"而那以后的每一个攻坚克难的深夜，"王飞雪们"也还会不断回忆着当初那些不知不觉就破晓的如斯长夜，北斗定位的不仅仅是物理上的方位，亦定位了他们未来十几二十年人生的航向。他们的青春完全与北斗发展的历程重叠，夜以继日地书写"北斗愿望"！

还是在 2020 年 7 月 31 日这一天，北斗三号全球卫星导航系统建成开通仪式上，已 91 岁高龄、曾担任"北斗导航实验卫星"工程和月球探测一期工程总设计师的中国科学院院士孙家栋坐着轮椅来到了仪式现场，见证着这个光荣的、期盼了很久的时刻。
回顾中国航天事业的发展，孙家栋说："我是经历过旧社会的人，
那时什么东西前面都要带个'洋'字，洋钉洋火洋油，因为我们
自己生产不了。经过几十年时间，我们国家就能发射自己的航天
飞行器到月球，实在太不容易了。"他说："我一辈子设计了 40 多
颗卫星，但现在中国一年就发射二三十颗，年轻人机会多、成长
快。我退下来，让年轻人能得到更良好的发展。只要年轻人不找，
我就不再管'天上的事'。"而围在他身旁的，是年轻一代的中
国航天人，与孙家栋院士别无二致的是，他们用青春担纲，牢记
使命与责任，为强国之路保驾护航！

　　"滴答，滴答，中国在等待你的回答。你的夜晚更长，你的星
星更多，你把时间无限细分，你让速度不断压缩。三年一腾飞，
十年一跨越。当第五十五颗吉星升上太空，北斗，照亮中国人的梦。"
也恰似"感动中国 2020 年度人物"——北斗人谢军的颁奖词所言，
一位位科研新秀无私奉献、踔厉奋发，为北斗注入新时代的巨大
力量。如今，国防科大这支以 80 后、90 后为主体的北斗团队，平
均年龄不到 35 岁。与前辈们相同的是，每一个与北斗相伴的科研
工作者，都把青春最美好的时光交付给人民，托举最美的中国梦想。
这群年轻人，将让中国北斗始终保持"年轻状态"。

　　在新时代北斗精神感召之下，我们也将要回答，究竟是谁的
星星更多，谁的夜色更加地漫长；是谁将时间细细分甄，助推着
伟大祖国的科研之梦不断前行。迢迢七星指引着悠远年月，北斗
人于北斗皎月光处彰显着精神力量的伟大！

参考资料

[1]《浩瀚星空 北斗闪耀》，人民网，http://theory.people.com.cn/n1/2021/1210/c40531-32304309.html。

[2]《我们的星座叫北斗》，中国新闻网，https://www.chinanews.com/mil/2020/07-02/9227267.shtml。

新时代北斗精神

中国共产党人的精神谱系

"调动了千军万马，经历了千难万险，付出了千辛万苦，要走进千家万户，将造福千秋万代。"一代代航天人，在陌生的领域进行全新的探索，用信念之火点燃了北斗之光。北斗卫星导航系统从无到有、从有到优、从区域到全球，彰显了中国人民矢志不渝、自主创新的豪情壮志，创造了一个又一个奇迹，激扬起亿万人民同心共筑中国梦的磅礴力量。"泰山北斗人皆仰"，新时代北斗精神铸就了闪亮的精神坐标！

第四篇

7

话合作

丝路精神

和平合作　开放包容

互学互鉴　互利共赢

精 神内涵

古丝绸之路绵亘万里，延续千年，积淀了以和平合作、开放包容、互学互鉴、互利共赢为核心的丝路精神。这是人类文明的宝贵遗产。

——2017 年 5 月 14 日，习近平在"一带一路"国际合作高峰论坛开幕式上的演讲 ①

发 展历程

2013 年 9 月 7 日，习近平发表题为"弘扬人民友谊 共创美好未来"的重要演讲，提出共同建设"丝绸之路经济带" ②。同年 10 月 3 日，习近平发表题为"携手建设中国 – 东盟命运共同体"的重要演讲，倡议筹建亚洲基础设施投资银行，共同建设 21 世纪"海上丝绸之路" ③。"一带一路"倡议正式亮相。

---

① 习近平在"一带一路"国际合作高峰论坛开幕式上的演讲 [EB/OL]. （2017−05−14）[2022−12−23]. http://www.xinhuanet.com/world/2017−05/14/ c_1120969677.htm.
② 习近平发表重要演讲呼吁共建"丝绸之路经济带" [EB/OL].（2013−09−07） [2022−12−23]. http://jhsjk.people.cn/article/22841981.
③ 习近平：共同谱写中国印尼关系新篇章 携手开创中国 – 东盟命运共同体 美 好 未 来 [EB/OL].（2013−10−04）[2022−12−23]. http://jhsjk.people.cn/ article/23103692.

2014年9月11日，在中俄蒙三国会晤上，习近平提出将丝绸之路经济带同俄罗斯跨欧亚大铁路、蒙古国草原之路倡议进行对接，打造中蒙俄经济走廊①。2016年6月23日，三国元首共同见证《建设中蒙俄经济走廊规划纲要》的签署。这是共建"一带一路"框架下的首个多边合作规划纲要。截至2021年12月16日，中国已与145个国家和32个国际组织签署了200多份共建"一带一路"合作文件。

2015年12月25日，包括缅甸、新加坡、文莱、澳大利亚、中国、蒙古国、奥地利、英国、新西兰、卢森堡、韩国、格鲁吉亚、荷兰、德国、挪威、巴基斯坦、约旦等在内的17个意向创始成员国提交批准书，亚洲基础设施投资银行正式成立。

2016年6月8日，中国铁路正式启用"中欧班列"品牌。从此，我国开往欧洲的所有中欧班列上都将刻上奔驰的列车和飘扬的丝绸为造型的品牌标识。

2017年5月14日至15日，第一届"一带一路"国际合作高峰论坛在北京举行。中国国家主席习近平发表题为"携手推进'一带一路'建设"的主旨演讲。包括29位外国元首和政府首脑在内的来自130多个国家和70多个国际组织约1500名代表出席此次高峰论坛。论坛成果清单涵盖政策沟通、设施联通、贸易畅通、资金融通、民心相通5大类，共76大项、270多项具体成果。

---

① 习近平出席中俄蒙三国元首会晤[EB/OL].（2014-09-12）[2022-12-23]. http://jhsjk.people.cn/article/25646300.

2017年6月19日,《"一带一路"建设海上合作设想》发布。这是中国政府首次就推进"一带一路"建设海上合作提出中国方案。

2017年7月4日,中国国家主席习近平在莫斯科会见俄罗斯总理梅德韦杰夫,提出要开展北极航道合作,共同打造"冰上丝绸之路"①。这是中国首次提出"冰上丝绸之路"概念。

2017年12月3日,在第四届世界互联网大会上,中国、老挝、沙特、塞尔维亚、泰国、土耳其、阿联酋等七国共同发起《"一带一路"数字经济国际合作倡议》。

2018年1月22日,中拉论坛第二届部长级会议期间,中拉双方发表《"一带一路"特别声明》,"一带一路"倡议得到拉美国家广泛认同。

2018年9月3日,中非合作论坛北京峰会召开,峰会达成共建"一带一路"重要共识,28个非洲国家和非盟均与中国签订了"一带一路"政府间谅解备忘录。

2018年11月5日至10日,首届中国国际进口博览会举行,吸引172个国家、地区和国际组织参会,3600多家企业参展。按一年计,累计意向成交578.3亿美元。

2019年4月25日,第二届"一带一路"国际合作高峰论坛举行,会议形成了共6大类283项成果,通过了《第二届"一带一路"

---

① 习近平会见俄罗斯总理梅德韦杰夫 [EB/OL].（2017-07-04）[2022-12-23]. http://jhsjk.people.cn/article/29382946.

国际合作高峰论坛圆桌峰会联合公报》。

2019 年 11 月 5 日至 10 日，第二届中国国际进口博览会在上海举行，150 多个国家和地区的 3000 多家企业、50 万采购商和观众参会。按一年计，第二届进博会累计意向成交 711.3 亿美元。

2019 年 12 月 2 日，中国国家主席习近平同俄罗斯总统普京视频连线，共同见证中俄东线天然气管道投产通气仪式。习近平指出："东线天然气管道是中俄能源合作的标志性项目，也是双方深度融通、合作共赢的典范"①。

2020 年 3 月 2 日，"一带一路"银行间常态化合作机制发布倡议，呼吁"一带一路"金融机构为全球抗击疫情、保持经济稳定增长作出积极贡献。

2021 年 2 月 9 日，中国国家主席习近平主持中国－中东欧国家领导人峰会并发表题为"凝心聚力，继往开来携手共谱合作新篇章"的主旨讲话。他指出，中国同中东欧国家"开拓思路、先试先行，率先探索跨区域合作同共建'一带一路'倡议对接，率先实现'一带一路'合作协议在地区全覆盖。我们着眼中东欧国家需求和区位优势，推动匈塞铁路等重大项目取得积极成果"②。新形势下，中国和中东欧国家要不断完善融通格局，为未来更高水平的联动发展打好基础。

---

① 中俄东线天然气管道投产通气仪式举行习近平同普京视频连线共同见证 [EB/OL].（2019−12−03）[2022−12−23]. http://jhsjk.people.cn/article/31486243.
② 习近平在中国－中东欧国家领导人峰会上的主旨讲话 [EB/OL].（2021−02−09）[2022−12−23]. http://jhsjk.people.cn/article/32027496.

2021 年 8 月 19 日，第五届中阿博览会在宁夏银川开幕。博览会为期 4 天，以"深化经贸合作，共建'一带一路'"为主题，采取"线上线下相结合，以线上为主"的办会模式，包括开幕式暨工商峰会、"一带一路"投资促进大会等活动。

2022 年 3 月 20 日，"一带一路"地方合作委员会秘书处与世界城地组织亚太区秘书处签署合作协议。双方将在"一带一路"主题研究和国际交流活动等领域开展创新合作。在线上签字仪式中，世界城地组织亚太区秘书处秘书长博纳蒂亚博士表示，希望通过各项研讨与交流活动，挖掘"一带一路"沿线国家和城市的合作新机遇，实现共同发展、共同繁荣。

＊ 丝路精神故事

2013 年秋，习近平主席先后提出建设丝绸之路经济带和21 世纪海上丝绸之路重大倡议。自那时起，源于古代丝绸之路的"一带一路"倡议应运而生，"一带一路"建设扬帆远航，塑造了推动全球互联互通的大格局，布局了应对世界百年未有之大变局的先手棋。

中国电建：看着世界地图做企业

发展中国家实现经济增长、民生改善，离不开开放合作、开放共享的世界经济，离不开互联互通创造的发展空间。中国不断扩大高水平的对外开放，坚持高标准、可持续、惠民生的目标，积极推进高质量共建"一带一路"，以开放姿态不断融入世界，以自身发展促合作共赢。中国电建作为全球规模最大、产业链最完整的电力建设企业，在"一带一路"建设中具有先发优势。

党的十八大以来，中国电建紧跟国家政治经济外交布局，创造性地提出了"国际业务集团化、国际经营属地化和集团公司全球化"全球"三步走"发展战略，以新理念新方式积极参与"一带一路"建设，深耕"一带一路"重点国别市场，国际经营在多个领域不断突破。形成了以水利、电力建设为核心，涉及公路和轨道交通、市政、房建、水处理等领域综合发展的"大土木、大建筑"多元化市场结构；以亚洲、非洲国家为主，辐射美洲、大洋洲和东欧等高端市场的多元化格局，搭建起了遍布全球的市场营销网络。

在中国电建全新的国际姿态推进下，经过艰苦卓绝的努力，一批批具有较大影响力的标志性工程成为世界舞台上一张张靓丽的"中国名片"。例如，苏丹麦洛维大坝项目，拥有世界最长的大坝，总装机容量达到125万千瓦，相当于苏丹全国原有装机容量的2倍以上，使水库沿岸400公里范围内100多万亩良田形成自流灌溉，解决两岸400多万苏丹人民的生产和生活用水；摩洛哥努奥二期和三期太阳光聚热电站项目，为世界上最大规模的太阳能聚热电站；埃塞俄比亚泰克泽水电站是非洲最高的混凝土双曲拱坝，电站发电量相当于埃塞俄比亚全国总发电量的40%；印尼佳蒂格德大坝，既是中印合作的首个水利工程，也是印尼最大的水利工程……

中国电建用行动在"一带一路"演绎了精彩的中国故事，树立了可敬、可信、可亲的中国央企形象。2020年6月，中国电建水电七局的巴沙水电站复工团队在成都双流国际机场集合，他们手持登机牌，安慰着送行的家人，拉起的横幅上"最美逆行，奉献'一带一路'"非常醒目。他们将前往疫情高风险地区去完成巴基斯坦"三峡工程"的巴沙水电站建设工程。在"中国电建加油"的口号声中，这群"逆行者"坚毅果决地踏上了奔赴巴基斯坦的漫漫征程。没有什么可以阻挡他们前行的步伐，即使是在落地14

天的隔离期间，建设者们也不敢有丝毫懈怠，刚抵达驻地，就马上通过视频、电话会议的方式开始落实各项事宜和筹建组织机构。在他们的肩上，是责任和使命；在他们的背后，是公司和家人的支持与理解；在他们心里，是党和国家战略的重大意义。逆行故事，谱写出"一带一路"的最美风景。

"一带一路"的精神要义是与世界分享发展机遇，合作共赢。坚持共享，就要深度融入所在国经济社会发展，国际营销从项目导向转变为需求导向。在肯尼亚，中国电建融入"四大"发展战略，向肯尼亚政府提出开发未来骨干电源的建议，得到肯尼亚政府肯定；在加纳，中国电建与加纳政府深度合作，成功签署了优先项目一揽子合作协议和第一期商务合同；在沙特，主动融入"2030愿景"发展战略，从传统的电站和住房工程拓展到港务设施、海水淡化、油气等基础设施领域，成绩斐然，2018年中标7个项目；在孟加拉国，积极参与"金色孟加拉国之梦"建设，模式从传统的竞标向投资和参股投资延伸，已成为孟加拉国最大的国际承包商；在印尼，积极参与印尼"三北经济走廊"发展战略，全年新签印尼最大水电站卡扬河一级水电站等50多个项目。目前，受我国有关部门、机关或有关国家的委托，中国电建开展"一带一路"沿线重点国别市场的电网规划、能源规划和基础设施规划研究，已完成或正在进行的有30多个国家或其所属的区域的能源电力、水利水电、新能源等发展规划。其中包括中巴经济走廊能源规划、孟中印缅经济走廊能源合作研究、东盟地区互通互联研究、中缅电力合作总体规划、南海区域风能、光能规划及示范项目研究等。

"建设一个项目，带动一方经济，结交一方朋友，造福一片社区，改善一方环境。"这是中国电建国际业务的初衷，更是一份沉甸甸追求"共赢"的责任。截至2022年12月，中国电建在137个国家和地区执行项目合同3534份，合同总金额约9854.63亿元；境外员工总数为131311人，其中外籍员工占比超过八成。中外员工一起工作，一起生活，共同谱写了中外友谊的美好篇章。在绵延千里、植被茂密、风景优美的老挝北寮群山，中国电建投资建设的南欧江流域梯级电站，掩映在青山绿水之中，成为当地一道美丽的"风景线"。中国电建原党委书记、董事长晏志勇在接受央视《焦点访谈》栏目采访时说："在南欧江梯级电站的规划中，我们对它原来有的计划进行了研究，对它的规划方案进行了调整。最主要的目标就是尽量减少对生态环境的影响，尽量减少对原居民的搬迁，尽量减少土地特别是耕地的淹没。""三个尽量"，体现了中国电建"注重环保，绿色发展"的理念。该项目通过"一库七级"的设计，合理开发水能资源，通过全周期的环保管理和移民生计布局，对当地生态进行了最大程度的保护和改善。水电站建成对调节流域内季节性旱涝，提高下游防洪能力，保证下游农田水利灌溉，减少水土流失，保护生态平衡发挥了积极的作用。

"一带一路"倡议，勾勒出的是人类文明和谐发展的路线图，擘画的则是实现世界持久和平与繁荣、共建人类命运共同体的大画卷。看着世界地图做企业，沿着"一带一路"走出去，让"一带一路"成为连接中国梦与世界梦的发展之路、友谊之路，是未来中国电建发展的"新常态"。

── 参考资料 ──

　　[1]《中国电建：演绎"一带一路"精彩的中国故事》，快资讯，https://www.360kuai.com/pc/99a5c31084bae2558?cota=3&sign=360_57c3bbd1&refer_scene=so_1。

　　[2]《中国电建：沿着"一带一路"奔跑》，环球网，https://finance.huanqiu.com/article/9CaKrnJUTfz。

　　[3]《中国电建深耕"一带一路"市场》，中国报道，http://www.chinareports.org.cn/djbd/2019/0515/9141.html。

青春扎根"一带一路"

　　"一带一路"上，中国青年担当的故事，因人物真实而更显鲜活，因情感真切而愈加动人。

连接中东欧商路的美女联络员何坚

　　2020年，已经是何坚在宁波市中东欧博览与合作促进中心工作的第六个年头了，她是宁波与中东欧国家双方交流和经贸合作的联络员。受到全球疫情影响，2020年，宁波投资贸易展会转为云洽会暨中东欧商品云上展，这对何坚来说，是新的工作挑战。而且，因为2019年4月新增加了中国–中东欧国家合作成员——希腊，为了确保希腊也能如期参会，何坚每周在宁波和上海两地来返，经过多次沟通，最终敲定了希腊参展参会的方案。

　　中国－中东欧国家合作于 2012 年 4 月 26 日宣告成立。何坚说:"每年 6 月是我和同事们最忙的时节,为了服务好中东欧各国政府以及企业,我们从 4 月就经常连续奋战,目标就是确保所有参展嘉宾和参会人员能够从中国满意而回,满载而归。"每年的宁波展会,中东欧各国品质优良的产品,像罗马尼亚的玻尿酸、塞尔维亚的不老莓、黑山的葡萄酒、保加利亚的玫瑰水等等,都会受到中国消费者和广大采购商的热情欢迎。这些产品就是随着中国的"一带一路"源源不断地抵达中国。

　　2020 年,博览会开幕当天,何坚看到现场呈现了以蓝白为主色调的希腊国家馆,看到消费者和采购商为希腊产品驻足,那一刻她开心地笑了,因为她觉得自己的工作特别有意义。

"一带一路"上大风刮不走的青春

　　阿拉山口被称为我国四大风口之一,是一个以"风"著称的地方,年 8 级以上的大风接近 200 天,风吹石头跑,鸟都飞不了。

　　说起阿拉山口关于风的段子,刘云峰脸上的皱纹被笑容挤得更深了,他刚来到阿拉山口时,当地一棵树都没有,从那时起,他和同事们每年春秋两季都要组织集体植树,现在 20 多年过去了,阿拉山口已有了树木,天上也有了飞鸟,"阿拉山口树木的长势都很有特色,从树枝生长的方向可以看出阿拉山口大风的风向。那些轻飘飘的灵魂,经不起阿拉山口风吹"。

　　刘云峰 1990 年大学毕业后来到新疆,是阿拉山口口岸的第一批工作人员之一,那时阿拉山口只有一个火车站,口岸管委会的办公场所就在那座小小的火车站里,海关工作人员加起来不到 20

人，全是刚毕业的大学生。因为没有专门查验的地方，要查验公路通道上的出入境车辆，刘云峰就和同事一直在戈壁滩上走，找到合适的地方后，便开始等着出入境车辆开过来。戈壁滩上常年都会遇上大风天气，几个同事必须胳膊挽着胳膊一起走，呼吸都很困难。

能见到其他人的机会很少，想准备一些食材得到相隔近100公里的地方，每周购置一次。每次得知有火车要进站时，大家会很兴奋，因为终于可以接触到同事以外的人了。刘云峰说："所以我们山口海关的工作人员见人都很热情。"

党少飞是陕西人，也是大学毕业后来到新疆，在新疆安了家，一待已经10余年。从工作单位乘车到家需要2个小时，党少飞1个月只能回家1次，一年中与同事生活、工作的时间近300天。党少飞结婚时，接亲、订酒店这些事情都是同事帮忙操办的，"一代代阿拉山口海关人都是这样过来的，亲如一家"。党少飞喜欢通过每一趟中欧班列的载货分析各个地区的经济特点。党少飞说，以前从这里出口的多是轻工产品，现在更多的是深加工产品，"咱们国家的产品越来越好了"。

"一带一路"上的国际拆迁

卢东升是三峡集团旗下三峡国际的一名项目人员，被派到巴基斯坦建卡洛特水电站。他刚来就接手了一个任务：负责征地拆迁、移民安置。这是一个非常棘手的任务：全球拆迁户都一样，总希望补偿越多越好，而当地人的家庭分布特点是一家子人住在一块，结了婚也不分家。所以在一个房子或者几个房子里面，你不能确定到底有几户人家。最夸张的一户人家，竟然有80多口人。如果按一户来补偿，村民们不会同意；每个人都补偿，公司利益会受损。卢东升思前想后，最终想了一个双方都能接受的方案：把已婚人士和18岁以上的人单独作为户主，给予额外补偿，该方案得到村民认可。后来他去村民家收集意见时，在德高望重的村长家遇到暖心一幕。"村长年龄大了，身体不太好，那天他可能有点不舒服，但听说我们来了之后也非常激动，人本来在床上躺着，非要起来跟我们一起聊，然后拉着我们一起在家里喝茶、吃饭，让我感觉当地人对中国人非常友好。"卢东升讲述。

卢东升他们的拆迁工作还有很多故事。当时搬迁的时候，涉及一些墓地。根据当地习俗，去世的人不可以再见到阳光。这该怎么办？为了尊重当地人的风土人情，并且征得村民同意，卢东升决定所有的坟墓都在太阳下山后再搬迁。

由于措施得当，两年时间里，移民搬迁顺利完成。2016年，卡洛特水电站正式动工。卡洛特水电站是"一带一路"倡议下第一个大型水电投资建设项目，也是丝路基金成立后投资的"第一单"。

"一带一路"倡议提出以来，无数中国青年肩扛责任、胸怀天下，用行动践行爱国情、报国志。漫漫丝路，前有古人，后有来者……

参考资料

［1］《青春扎根"一带一路"》，搜狐网，https://www.sohu.com/a/392918651_731021。

［2］《"一带一路"上 大风刮不走的青春》，中青在线，http://zqb.cyol.com/html/2019-12/23/nw.D110000zgqnb_20191223_7-03.htm。

［3］《丝路故事：青春扎根"一带一路"》，中国一带一路网，https://baijiahao.baidu.com/s?id=1665754850391529221。

铺设民心相通的桥梁

通过共建"一带一路"，一条条铁路、一条条航线、一座座港口将分散在不同大陆和海洋上的国家更加紧密地联系在一起；不同国家的民众，虽然文化与习俗不同，却共同演绎着许多鲜活的民心相通的故事。

"由生命凝成的友谊"

2017年，中国红十字会发起了"一带一路"大病患儿人道救助计划。医疗援助合作中缔结了许许多多由生命凝成的友谊。

当年4月，项目组专员90后女孩谷彬和阿富汗6岁女孩比拉尔的一场相遇，改变了比拉尔的命运。比拉尔患有先天性心脏病，经常突发昏厥，多次辗转求医都没能取得好的诊治效果。在谷彬与同事们一道开展的先天性心脏病患儿的救助行动中，病情严重的比拉尔被中国援外医疗队带回中国接受了手术。比拉尔终于可以像其他孩子一样学习和运动，完全康复了！救助计划开展一年多的时间里，医疗队救治了100名像比拉尔这样的阿富汗先天性心脏病患儿。每一次救治不仅是帮助一个鲜活的生命，更是重新点燃一个家庭对生活的希望。

在乌兹别克斯坦，来自中国的外科医生潘湘斌，利用他们首创的超声引导经皮介入技术为从各地赶来的患者诊疗。有一天，潘湘斌已经连续完成了 7 台高难度心脏手术，长时间的工作令他身心疲惫。正在这时，一位特殊的患者出现在潘湘斌面前，她坐着轮椅，面色蜡黄、下肢浮肿、喘息困难。经超声检查，患者患有重度二尖瓣狭窄，更紧迫的是，她已经怀孕 26 周。如果采用传统介入手术，放射线和造影剂的影响，将无法保住胎儿；如果采用外科手术，更是创伤大、风险高，孕妇和胎儿都将面临生命危险。潘湘斌权衡再三，最终决定利用超声引导经皮介入技术为患者进行手术：在超声引导下，先在心脏里穿刺一条生命的通道，再通过这个通道送入球囊扩张狭窄的二尖瓣。手术成功！几个月后，孕妇顺利产下了一个健康的男孩。潘湘斌用精湛的医术挽救了 2 条生命。

用文化拉近两国民众距离

文学和影视作品让"中华武术""少林功夫"广为世界所知。越来越多的外国友人爱上了中国功夫，进而更加热爱中国文化。

菲利普 9 岁时便从乌克兰来到中国学习武术，一直坚持了十几年，因为他有一个梦想：成为"功夫明星"。2016 年，他成功考入北京电影学院表演系，并且开始参与拍摄影视剧。菲利普的梦想正在一步步实现。他说："共建'一带一路'让更多国家的人了解中国武术。练武可以强健精神和体魄，也可以促进国家间的文化交流和友好交往。"

穆罕默德·诺厄是地道的埃及人，也是中国叶问宗师的传人。他在埃及开罗开设了一家武馆，是埃及唯一一家正规的学习咏春拳的地方。诺厄在接触咏春拳之前已经学习了10年中国功夫，后来又迷上了咏春拳，跟随叶问的传人谭耀明系统学习了9年的咏春拳，回到埃及开办武馆，希望将咏春拳介绍给埃及人。"我没有特别为咏春拳做广告，但学生规模一直在扩大。我想，这正说明了中国功夫和咏春拳的魅力。"诺厄说话的语气非常平和。他深刻领会咏春拳的内涵，不在于攻击，而在于防御，这也正是中国武术精神之所在。在这位咏春拳的埃及传人身上，不仅有拳脚的一招一式，更带着浓浓的中国武术魂。

伊朗针灸医生胡曼·卡扎米也一样致力于传播中国文化。胡曼·卡扎米不仅有娴熟的针灸技法，而且熟知中医理论，功底深厚。他说："我将和世界其他针灸医生一起，通过共建'一带一路'继续传播和发扬中医针灸，让古老的中医针灸造福全球人类健康。"

"一带一路"上的情缘故事

印尼女孩菲欧在巴比巴卢燃煤电站项目上担任翻译兼秘书，不仅工作愉快，而且收获了爱情。巴比巴卢燃煤电站项目位于印度尼西亚西加里曼丹省。项目总装机容量达10万千瓦，不仅大大缓解了西加里曼丹省的电力供应紧张局面，还为当地民众创造了大量的就业机会，大大改善了他们的生活。

菲欧很受大家喜欢，因为她活泼开朗，既懂当地方言，又熟悉当地的风俗习惯，给中国同事们提供了很大帮助。项目财务部的湖北小伙方夏和她相互帮助，学习彼此语言。日久生情，两人最终结成眷属。方夏说："很幸运能够在印尼遇到菲欧。我们的爱情伴随着印尼燃煤电站项目的建设不断升温。"菲欧也满怀幸福："没有共建'一带一路'，就没有我们的情缘。我们将携手建设属于大家的美好家园。"

参考资料

［1］《铺设民心相通的桥梁》，人民网，http://world.people.com.cn/n1/2019/0528/c1002-31105636.html。

［2］新华通讯社、国务院国资委、孔子学院总部编：《"一带一路"全球100个故事》，新华出版社2017年版。

玉米地"掘金"记

1970年出生的卡里莫维奇是吉尔吉斯斯坦东干族农民，1996年开始务农。家里共16口人，都住在伊斯科拉镇的主干道旁的一个大院子里。伊斯科拉在当地意为"星火"，因此这个镇子也被称为"星火镇"。在吉尔吉斯斯坦农村，村民多以放牧为生，卡里莫维奇的祖辈从中国甘肃、陕西迁徙而来，沿袭着耕田种地的传统。依靠老祖宗传下的"种地经"，加上自己多年摸索出来的经验，卡里莫维奇是镇子上数一数二的种地"老把式"，在当地小有名气。成年的儿子们跟着卡里莫维奇干农活，家里的女性按照吉尔吉斯斯坦的传统在家里操持家务。

2016年，卡里莫维奇开始改种中国研发的玉米新品种，用他自己的话说，务农20年，这回总算在玉米地里挖到了"金子"。说起2016年具体掘到了多少"金子"，卡里莫维奇抿嘴一笑，自豪地说："今年种的中国玉米，收益比上一年翻了几倍，赚了不少钱！"

说起过去几年的生活，卡里莫维奇一脸"往事不堪回首"的无奈："过去种玉米、洋葱和胡萝卜，产量一般，勉强度日。但是，随着家庭成员增加，还要受到大小年市场价格波动的影响，种地的收入越来越难以支撑家庭开支。"

卡里莫维奇能致富，得益于"一带一路"倡议下日益紧密的中吉农业合作。2011年，河南贵友实业集团开始在伊斯科拉镇注资开发，建立了"亚洲之星"农业产业合作区。围绕种植、养殖、屠宰加工、食品深加工等实现产业一体化发展，为更多企业提供境外集群式发展平台。经过5年开发，合作区以完善的基础设施、完整的产业链条以及绿色生态的运营理念，成为中吉农业合作的典范。2016年8月，中国商务部和财政部认定其为国家级境外贸易合作区。中国研发的玉米新品种在合作区育种成功，相关企业开始联系当地农户种植，并签订订单合同，一是可以推广这种高产玉米，让当地农户享受科技务农的好处；二是借助农户力量扩大种植，收成的玉米按合同价回收，既为合作区畜禽养殖提供饲料，也为农户提供可预期的稳定收益。

有口皆碑的种植经验为卡里莫维奇赢得了合作机会。"亚洲之星"农业产业合作区主动联系卡里莫维奇，将河南农科院研发的郑单1002、郑黄糯2号玉米品种提供给他种植。"不用担心玉米种子质量，也不用和其他玉米商拼价格，'亚洲之星'回收我的玉米还有保护价，收益不仅有保障，而且还大幅增长。"卡里莫维奇觉得方便又划算，毫不犹豫地接受了。签订了合同，他立即通过租赁的方式，把之前自己的10公顷地扩充到了30公顷。"'亚洲之星'农业产业合作区育种的高科技玉米，每公顷能产十几吨！以前我再怎么努力，最好的年景也只有每公顷4吨左右。"尝到了"掘金"成功的甜滋味，卡里莫维奇说："我想和合作区去谈谈下一步的想法，如果谈得顺利，我想把地扩大到100公顷。"

富裕之后，卡里莫维奇首先投资的是教育。尽管自己没有正式念过学堂，但他十分重视儿孙的教育。"现在，我的外甥女正在准备完成她的9年基础教育，要是成绩优秀，她可以去申请'亚洲之星'的助学机会，去中国留学。"卡里莫维奇很高兴看到外甥女努力学知识的冲劲，因为他深知让他致富的"金"玉米是从哪里来的，其中的奥秘是什么。"我们镇里都希望'亚洲之星'越办越好，也希望更多的中国人来投资。到时候我们一定和中国人一起肩并肩加油干！"

参考资料

［1］《玉米地掘金记》，中华网，https://finance.china.com/global/11173292/20170511/30513796_all.html。

　　[2]新华通讯社、国务院国资委、孔子学院总部编：《"一带一路"全球100个故事》，新华出版社2017年版。

丝路精神
中国共产党人的精神谱系

　　"一带一路"倡议源于习近平总书记对世界形势的观察和思考。"在各国彼此依存、全球性挑战此起彼伏的今天，仅凭单个国家的力量难以独善其身，也无法解决世界面临的问题。只有对接各国彼此政策，在全球更大范围内整合经济要素和发展资源，才能形成合力，促进世界和平安宁和共同发展。"①

　　共建"一带一路"倡议源于中国，机遇和成果属于世界。为世界谋，计天下利。"一带一路"是开辟新天地的发展带、幸福路，必将为推动构建人类命运共同体作出新的更大贡献。

---

① 习近平.在"一带一路"国际合作高峰论坛圆桌峰会上的开幕辞[N].人民日报，2017-05-16.